JAX/Flax로
딥러닝 레벨업

KB199304

JAX/Flax로 딥러닝 레벨업

1판 1쇄 발행 2024년 9월 23일

지은이 이영빈, 유현아, 김한빈, 조영빈, 이태호, 장진우, 이승현, 김형섭, 박정현
펴낸이 장성두
펴낸곳 주식회사 제이펍

출판신고 2009년 11월 10일 제406-2009-000087호
주소 경기도 파주시 회동길 159 3층 / **전화** 070-8201-9010 / **팩스** 02-6280-0405
홈페이지 www.jpub.kr / **투고** submit@jpub.kr / **독자문의** help@jpub.kr / **교재문의** textbook@jpub.kr

소통기획부 김정준, 이상복, 안수정, 박재인, 송영화, 김은미, 배인혜, 권유라, 나준섭
소통지원부 민지환, 이승환, 김정미, 서세원 / **디자인부** 이민숙, 최병찬

진행 이상복 / **교정·교열** 이정화 / **내지 디자인** 이민숙 / **내지 편집 및 표지 디자인** 최병찬
용지 타라유통 / **인쇄** 해외정판사 / **제본** 일진제책사

ISBN 979-11-93926-55-0 (93000)
책값은 뒤표지에 있습니다.

제이펍은 여러분의 아이디어와 원고를 기다리고 있습니다. 책으로 펴내고자 하는 아이디어나 원고가 있는 분께서는
책의 간단한 개요와 차례, 구성과 지은이/옮긴이 약력 등을 메일(submit@jpub.kr)로 보내주세요.

JAX/Flax로 딥러닝 레벨업

이영빈, 유현아, 김한빈, 조영빈, 이태호, 장진우, 이승현, 김형섭, 박정현 지음

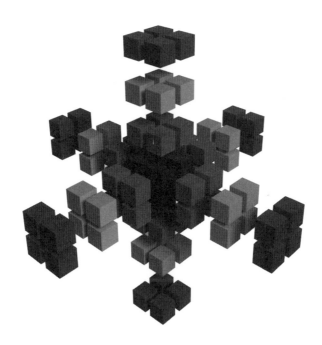

CHAPTER 1 JAX/Flax를 공부하기 전에 1

CHAPTER 2 JAX의 특징 17

CHAPTER 5 TPU 환경 설정 181

베타리더 후기

 강찬석(LG전자)

JAX를 배우려면 웹상에 공개된 문서와 튜토리얼에 의존해야 했는데, 국내에 최초로 개발 입문서가 나오다니 그 의미가 크다고 생각합니다. JAX의 문법 같은 기본적인 내용부터 JAX를 활용한 LLM 파인튜닝 같은 다양한 예제들이 소개되어 있어, 최근 활성화되고 있는 JAX 관련 개발자들에게 도움이 많이 될 것 같습니다. 복잡한 이론적인 내용보다 실제 코드를 실행해보면서 문법 등을 활용할 수 있게 구성되어 더욱 좋았던 것 같습니다.

 양성모(현대오토에버)

초심자가 읽기 편한 책은 아니지만, 딥러닝과 과학 계산에 어느 정도 익숙한 개발자가 JAX/Flax 프레임워크를 배우고 더 성장하길 원한다면 이보다 더 좋은 책이 없을 것 같습니다.

한상곤(부산대학교)

머신러닝/딥러닝을 연구하는 분들에게 많은 관심을 받는 프레임워크인 JAX/Flax를 소개하는 책입니다. 후반에 주요 모델을 JAX/Flax를 사용해서 직접 구현하는 부분 덕분에 즐겁게 실습을 병행하며 읽을 수 있었습니다. 머신러닝/딥러닝을 학습하거나 연구하는 분들에게 추천합니다. 이런 굉장히 힙한 기술을 접할 수 있어서 너무 흥미롭고 재미있었습니다.

제이펍은 책에 대한 애정과 기술에 대한 열정이 뜨거운 베타리더의 도움으로
출간되는 모든 IT 전문서에 사전 검증을 시행하고 있습니다.

지은이 소개 _____

이영빈

모두의연구소에서 AI 교육을 진행하고 있으며 JAX/Flax LAB짱을 맡고 있다.

유현아

IT 업계의 세미나와 커뮤니티 활동에 힘쓰며 JAX KR 커뮤니티의 운영진으로 활동하고 있다. AI 기술의 긍정적인 가능성에 대한 깊은 관심과 열정을 가지고 있다.

김한빈

P&G에서 데이터 사이언티스트로 근무하고 있다. AI/ML을 활용하여 비즈니스 임팩트를 창출하는 것에 큰 관심이 있다.

조영빈

클라우드 분야에서 ML 엔지니어로 일하고 있다. 모델을 서빙하고 서비스에 적용하는 것에 관심이 있다.

이태호

머신러닝을 연구해 비전, 음성, 로봇, 자동차, 재료공학, 공장자동화 등의 분야에서 상용 서비스를 만들었으며, 다양한 연구 성과를 내고 있다.

장진우

제조업 분야에서 데이터 과학자로 일하고 있다. 다양한 분야에서 데이터를 활용한 문제 해결 방법에 관심이 있다.

이승현

컴퓨터 비전, 자연어 처리 등 다양한 분야의 딥러닝 모델을 최적화 및 경량화하여, 더 적은 비용으로 효과적인 서비스를 제공하는 방법을 연구하고 있다.

김형섭

ML 엔지니어. 2018년부터 의료영상, 버추얼아이돌, 패션 도메인의 스타트업들에서 StyleGAN, VAE, 스테이블 디퓨전 등 딥러닝 생성 모델의 활용을 연구하고 서비스화했다.

박정현

ML 엔지니어로 일하고 있으며, Keras Korea의 Organizer로 활동하고 있다.

JAX/Flax LAB은 '모두의연구소'에서 활동하는 AI 리서처와 현업자로 구성되어 있습니다. 각자의 전문 분야에서 뛰어난 실력을 지닌 이들이 모여, 그 노하우를 이 책을 통해 공유하고자 합니다.

JAX/Flax LAB은 각자의 분야에서 연구와 프로젝트를 지속하고 있으며, 여러 연구 활동을 통해 국내 JAX 생태계 확장을 위한 노력을 하고 있습니다. 자세한 정보와 각 구성원의 개별 프로젝트는 https://github.com/JAX-KR/jax-flax-book에서 확인할 수 있습니다.

이 책은 구성부터 집필까지 JAX/Flax LAB 구성원들이 함께 만들었습니다. 이 책으로 국내 JAX 생태계에 기여하고자 합니다.

안녕하세요. 이 책을 펼친 여러분을 JAX/Flax LAB의 모든 멤버를 대표하여 환영합니다. 인공지능과 고성능 연산이 중요한 이 시대에, 저희는 JAX라는 뛰어난 라이브러리의 중요성을 알리고자 이 책을 준비했습니다.

JAX는 XLA와 자동 미분 기술을 활용하여 머신러닝 연구와 복잡한 계산 작업을 효율적으로 수행할 수 있습니다. 하지만 이러한 기술적인 내용이 처음이라면 어렵게 느껴질 수 있습니다. 따라서 저희는 JAX의 기능과 적용 방법을 쉽게 이해할 수 있도록 안내하려고 합니다.

저희 JAX/Flax LAB은 '모두의연구소'의 지원을 받아 국내 JAX 생태계 발전을 위해 다양한 활동을 하고 있습니다. 이는 공식 문서의 한글 번역부터 기술 세미나와 코드 변환까지 다양하게 이루어지고 있습니다.

JAX/Flax LAB과 모두의연구소의 목표는 지식을 공유하며 함께 성장하는 것입니다. 이 책이 그 목표를 실현하는 데 유용한 자료가 되길 바랍니다.

JAX/Flax LAB 일동

이 책에 대하여 _____

이 책은 JAX와 Flax를 활용한 딥러닝 및 과학 계산 분야를 대상으로 합니다. JAX는 구글에서 개발한 고성능 수치 계산 라이브러리로, 특히 병렬 가속화 기능을 통해 대규모 모델의 효율적인 학습과 추론이 가능합니다. Flax는 JAX 기반의 심플한 신경망 라이브러리로, JAX의 장점을 살려 유연하고 확장 가능한 모델 구축을 지원합니다.

이 책은 모두의연구소 JAX/Flax LAB이 다양한 경험과 지식을 바탕으로 JAX를 어떻게 실용적으로 활용할 수 있는지에 중점을 두고 집필한 책입니다. 이론만을 설명하는 것이 아니라 실제 예제를 통해 적용 방법까지 소개합니다.

1장에서는 JAX/Flax를 시작하기 전에 알아야 할 기본 개념과 함수형 프로그래밍을 다룹니다. 2장에서는 JAX와 NumPy의 차이점과 JAX의 주요 특징에 대해 설명합니다. 3장에서는 Flax에 대한 개요를 제공하고, 4장에서는 JAX/Flax를 활용한 실제 튜토리얼을 다룹니다. 마지막으로 5장에서는 TPU 환경 설정을 안내합니다.

대상 독자

이 책은 JAX에 관심 있는 모든 수준의 개발자와 학생들을 대상으로 합니다. 특히 파이썬을 통한 고성능 계산과 머신러닝에 익숙하거나 관심이 있는 분들에게 매우 적합합니다. 자원 연구원과 엔지니어들에게도 유용한 자료가 될 것입니다.

- 파이썬 프로그래밍에 익숙한 개발자 혹은 연구원
- 기본적인 머신러닝/딥러닝 지식을 보유한 독자
- 고성능 컴퓨팅 및 GPU/TPU 활용에 관심 있는 분

선수 지식

파이썬 프로그래밍과 기본적인 머신러닝 개념에 익숙한 분들께 이 책을 권합니다. 또한 NumPy와 같은 수치 계산 라이브러리의 사용 경험이 있으면 더욱 쉽게 내용을 이해할 수 있습니다.

- 파이썬 프로그래밍 기초
- 선형대수 기본 개념
- 머신러닝/딥러닝 기초 이론

소스 코드

이 책의 소스 코드(노트북)는 모두 다음 깃허브에 있습니다. 이 책의 예제는 코랩에서 실습을 진행하길 권합니다.

- https://github.com/JAX-KR/jax-flax-book

책에서 사용한 주요 패키지의 버전은 다음과 같습니다.

```
jax[cuda11_pip]      == 0.4.26
flax                 == 0.8.4
optax                == 0.2.2
```

CHAPTER 1

JAX/Flax를 공부하기 전에

이번 장에서는 JAX/Flax에 대해 간략히 설명하고, 간단하지만 실전성 있는 예제도 몇 가지 살펴볼 것입니다. JAX는 구글 딥마인드DeepMind에서 사용하고 있는 고성능 딥러닝 프레임워크이며, 딥마인드뿐만 아니라 허깅 페이스Hugging Face에서도 JAX로 변환한 모델들을 발표하고 있습니다. 해당 모델들을 간략하게 소개하면서 파이토치PyTorch로 이루어진 모델과 비교했을 때 어떤 장점이 있는지 파악할 것입니다.

한편 JAX/Flax를 본격적으로 공부하기 전에 함수형 프로그래밍에 대해 이해하는 것이 필요합니다. 텐서플로TensorFlow나 파이토치와 다르게 JAX는 함수형 프로그래밍을 일부 차용했으므로 해당 개념에 익숙하지 않다면 이해에 어려움이 있을 수 있습니다. 이에 이번 장에서는 함수형 프로그래밍에 관해서도 알아볼 것입니다. 그다음 JAX/Flax에서 자주 사용하는 파이썬 표준 라이브러리와 JAX 설치 방법도 살펴봅니다.

1.1 JAX/Flax에 대한 소개와 예시

1.1.1 JAX란

JAX(잭스)를 한마디로 표현하면 자동 미분과 XLA를 결합해서 사용하는 고성능 머신러닝 프레임워크입니다. JAX의 자동 미분의 경우 파이썬 함수뿐만 아니라 NumPy(넘파이) 함수도 적용할 수 있습니다. 또한 일반적인 반복문과 재귀에서도 사용 가능하며

1

2차 미분도 가능합니다. 사실 자동 미분의 경우 JAX뿐만 아니라 파이토치, 텐서플로 등 대부분의 딥러닝 프레임워크들이 지원하고 있는 항목입니다. JAX의 가장 큰 강점은 XLA를 적용해서 사용할 수 있다는 점입니다.

XLAAccelerated Linear Algebra는 GPU에서, 그리고 구글에서 만든 딥러닝 전용 하드웨어인 TPU에서 NumPy 프로그램을 컴파일하고 실행할 수 있게 만듭니다. JAX의 경우 XLA 를 이용하기 위해서 JIT 컴파일을 진행해 파이썬 함수를 XLA에 최적화된 커널로 변환 합니다. XLA로 컴파일을 진행할 경우 파이토치가 채택한 동적 그래프 방식보다 훨씬 빠른 속도로 학습과 추론이 가능합니다. 그 외에도 JAX는 함수 변환에도 능해서 자동 벡터화도 쉽게 할 수 있으며, 단일 프로그램 다중 데이터 병렬 프로그래밍을 위한 병렬 변환도 쉽게 가능합니다.

다만 현재 JAX는 구글의 공식적인 제품으로 등록되어 있지 않고, 연구 프로젝트로 개 발되고 있습니다. JAX 자체는 현재 구글 리서치Google Research에서 관리하고 있으며 지 속적인 업데이트 또한 진행되고 있습니다.

이 책은 JAX 0.4.26을 기반으로 작성했습니다.

1.1.2 Flax란

Flax(플랙스)는 구글 브레인 팀에서 구글 리서치 JAX 팀과 협업하면서 만들어졌고 현재 는 오픈소스 커뮤니티로 개발되고 있습니다. 실제로 구글 내에서 만들어지는 프로덕트 들은 Flax로 이루어져 있습니다. Flax는 JAX + Flexibility를 합쳐져서 만들었으며 엔지 니어들이 JAX를 조금 더 쉽게 사용할 수 있게 만든 프레임워크이며, 다른 딥러닝 프레 임워크들처럼 레이어(층)layer 개념을 지원합니다. 그뿐만 아니라 평가 지표와 같은 유틸 리티 또한 지원하고 있으며 빠른 설치 또한 가능합니다.

JAX는 실제 고성능을 낼 수 있는 특성들을 가졌다고 할 수 있으며, Flax는 JAX를 조금 더 쉽게 사용할 수 있게 만든 프레임워크입니다. 실제로 JAX 기반으로 딥러닝 모델을 만든다고 한다면 대부분의 경우 Flax를 함께 사용하게 됩니다.

Flax의 경우 0.8.4 버전 기준으로 작성했습니다.

1.1.3 JAX로 이루어진 기타 프레임워크들

딥마인드 또한 JAX를 활용한 프레임워크들을 개발하고 사용하고 있습니다. Flax처럼 JAX를 간편하게 사용할 수 있는 프레임워크로 Haiku가 있으며, 강화학습 버전으로 JAX를 쉽게 사용할 수 있게 만든 RLax도 있습니다. 또한 이미지 처리용인 pix, 그래프 신경망 버전인 Jraph 등이 있습니다.

이것과 별개로 Flax와 범용적으로 많이 사용하는 프레임워크는 **Optax**입니다. Optax는 Optimization + JAX의 합성어이며 최적화를 진행할 때 많이 사용합니다. Flax의 경우 Optimizer 파트가 없는 대신 Optax를 활용합니다.

한편, 최근 JAX 생태계에서는 Equinox(이퀴녹스)에 대한 언급이 늘어나고 있습니다. Flax가 일반적인 딥러닝 프레임워크 사용자들이 JAX를 더 쉽게 활용할 수 있도록 돕는 다면, Equinox는 pytree를 기반으로 JAX의 본질적인 특성을 최대한 살리는 데 집중한 다는 의견이 있습니다. 앞으로 JAX 생태계를 위해 Flax와 함께 Equinox의 발전도 중요한 요소가 될 것입니다.

1.1.4 JAX 프레임워크 사용 예시

구글에서 나온 대부분의 모델들은 JAX를 활용하고 있으며, 허깅 페이스의 경우 속도 향상을 위해 기존에 있던 모델들을 JAX로 변환하고 있습니다. 구글에서 나온 모델 중에서 대표적인 사례로는 구글 리서치에서 관리하는 vision_transformer, maxtext, flan-T5 등이 있으며, 모델 변환의 대표적인 사례로는 Whisper-JAX, dalle-mini가 있습니다. 그중에서 가장 많이 사용되고 있는 Whisper-JAX에 대해 잠시 살펴보겠습니다.

Whisper는 OpenAI가 음성인식 및 음성 번역을 하기 위해 만든 오픈소스 모델입니다. Whisper의 경우 파이토치 1.10.1로 만들어졌으며 단순히 영어만 인식하는 것이 아니라 한국어, 일본어, 스페인어, 네팔어 등 다양한 언어를 지원합니다.

Whisper-JAX는 OpenAI가 파이토치로 만든 모델을 허깅 페이스 연구원인 산칫 간디 Sanchit Gandhi가 JAX로 변환해서 만든 모델입니다. Whisper-JAX의 경우 Whisper를 그 대로 계승했기 때문에 질적 성능은 동일합니다. 그러나 JAX로 만들어졌기 때문에 추론 속도와 학습 속도 면에서는 Whisper보다 훨씬 빠릅니다.

Whisper와 Whisper-JAX의 성능 비교표

	OpenAI	Transformers	Whisper JAX	Whisper JAX
Framework	PyTorch	PyTorch	JAX	JAX
Backend	GPU	GPU	GPU	TPU
1min	13.8	4.54	1.72	0.45
10min	108.3	20.2	9.38	2.01
1hour	1001	126.1	75.3	13.8

이 표는 10번 반복 추론했을 때 나온 결과를 평균으로 만든 비교 표입니다.[1] GPU의 경 우 A100 40GB 1개를 사용했습니다. OpenAI 파이토치 Whisper의 경우 1분의 음성을 추론할 때 평균 13.8초가 걸렸습니다. 이에 반해 같은 GPU를 사용하고 프레임워크만 JAX를 사용한 Whisper JAX는 1분의 음성을 추론할 때 평균 1.72초가 걸렸습니다. 허 깅 페이스 Transformers 라이브러리를 활용한 버전도 속도에서는 Whisper JAX와 비 교할 수 없습니다. Whisper JAX를 TPU 기반으로 진행한다면 추론 속도는 더더욱 빨 라집니다.

이렇듯 JAX를 사용하게 될 경우 기존 파이토치와 비교할 수 없을 정도로 추론 속도가 빨라집니다.

---

[1]   https://github.com/sanchit-gandhi/whisper-jax

1.2 함수형 프로그래밍에 대한 이해

함수형 프로그래밍을 처음 접한다면, 절차적 프로그래밍procedural programming과 비교해서 생각하면 이해하기가 더 쉽습니다. 절차적 프로그래밍은 프로그램의 구조를 일련의 절차와 루틴으로 분해하는 방식으로 바라봅니다. 특히 이러한 절차는 데이터를 입력으로 받아서 출력을 생성하는 함수의 형태를 띠고 있습니다. 절차적 프로그래밍은 프로그램의 상태 변경에 초점을 맞추며, 함수가 데이터를 변경하고 이를 다른 함수로 전달하는 방식을 사용합니다.

이에 반해 **함수형 프로그래밍**functional programming이란 계산을 수학적 함수로 취급하고 상태 및 변경 가능한 데이터를 피하는 프로그래밍 방식입니다. 따라서 절차적 프로그래밍에서 사용하는 상태 변경을 사용하지 않는 대신, 순수 함수를 사용하며 불변성을 강조합니다. 함수형 프로그래밍만을 지원하는 언어로 하스켈Haskell, 엘릭서Elixir 등이 있습니다.

이번 절에서는 함수형 프로그래밍의 구성 요소인 순수 함수, 상태를 관리하는 방식, 딥러닝에서 함수형 프로그래밍을 사용했을 때의 장점에 대해 알아봅니다. 해당 내용을 알게 된다면 JAX/Flax로 딥러닝 모델을 만드는 방식을 이해할 수 있어 앞으로 배울 내용들을 더 쉽게 파악할 수 있습니다.

1.2.1 부수 효과와 순수 함수

순수 함수pure function는 **부수 효과**side effect 없이 출력이 오직 입력에만 의존하는 함수입니다. 부수 효과란 함수가 함수 외부에 영향을 끼치거나 상호작용을 수행하는 것을 의미합니다. 부수 효과의 대표적인 사례로 전역변수를 변경하는 것이 있습니다. 예제 1-1은 부수 효과가 있는 파이썬 함수입니다.

예제 1-1 **부수 효과가 적용된 파이썬 함수의 예시**

```
counter = 0

def increment_counter(x):
```

```
    global counter
    counter += x
    return counter

print(increment_counter(1))
print(increment_counter(2))
print(increment_counter(3))
print('after_counter:', counter)
```

```
1
3
6
after_counter: 6
```

이 코드의 increment_counter() 함수를 보면 counter 변수를 따로 선언하고 counter
를 전역변수로 활용해 x를 더해주고 결과를 counter로 반환합니다. 이때 함수를 여러
번 불러서 결과를 출력하면 counter 변수가 이전 함수에서 바뀌기 때문에 결과 또한 1,
3, 6으로 나오게 됩니다. 이렇듯 입력은 변함없으나 전역변수가 바뀌어서 이후에 계산
되는 다른 변수에 영향을 주는 것을 부수 효과라고 합니다.

그렇다면 부수 효과가 없는 파이썬 함수는 어떤 식으로 작성하는지 알아봅시다. 예제
1-2는 부수 효과가 없는 파이썬 함수의 예시입니다.

예제 1-2 부수 효과가 없는 파이썬 함수의 예시

```
def not_side_effect_example(counter, x):
    return counter + x

counter = 0

for a in range(3):
    print(not_side_effect_example(counter,a+1))

print('after_counter:', counter)
```

```
1
2
3
after_counter: 0
```

예제 1-1과 예제 1-2 함수의 차이점은 뭘까요? 예제 1-1은 함수 내부에서 counter 변수에 x가 더해지는 방식이고, 예제 1-2 함수는 함수 내부에서 변하지는 않지만 출력에서 전역변수에 x가 더해지는 방식입니다. 그러다 보니 함수가 counter 변수에 영향을 주지 않기 때문에 예제 1-1에서 최종 counter 값은 6이지만, 예제 1-2의 counter 변수는 0으로 나옵니다. 즉 예제 1-2의 함수는 계산을 진행할 때 전역변수가 영향을 끼치지 않기 때문에 부수 효과가 없는 함수입니다.

1.2.2 불변성과 순수 함수

완벽한 순수 함수를 구성하기 위해서는 부수 효과가 없어야 할 뿐만 아니라 **불변성** immutability도 지켜야 합니다. 불변성이란 한번 생성된 데이터는 변경되지 않는다는 원칙입니다. 즉 변수에 값을 한번 할당했으면 그 변수의 값은 변경될 수 없다는 것입니다. 예제 1-3은 파이썬으로 만든, 부수 효과는 없지만 불변성 또한 없는 함수입니다.

예제 1-3 **부수 효과는 없지만 불변성 또한 없는 함수**

```
def create_counter():
    count = [0]
    def counter():
        count[0] += 1
        return count[0]
    return counter

counter = create_counter()
print(counter())  # 1
print(counter())  # 2
print(counter())  # 3
print(counter())  # 4
print(counter())  # 5
```

```
1
2
3
4
5
```

예제 1-3의 counter 함수는 함수가 호출될 때마다 내부 변수인 count를 증가시키지만 밖에서는 관찰되지 않습니다. 따라서 부수 효과가 발생하지 않지만 count는 지속적으로 변하기 때문에 해당 함수는 불변하다고(불변성을 갖는다고) 볼 수 없습니다.

그렇다면 부수 효과도 없으며 불변성을 유지하는 함수의 예시를 알아봅시다.

예제 1-4 부수 효과도 없으며 불변성을 유지하는 함수

```
counter = 0
def immutable_example(state,x):
    counter = state
    return counter + x


for a in range(3):
    print(immutable_example(0,a+1))
    print('counter:', counter)
```

```
1
counter: 0
2
counter: 0
3
counter: 0
```

예제 1-4는 내부 counter를 state로 관리하기 때문에 counter 변수가 불변하는 것을 확인할 수 있습니다. 만일 여기서 counter 변수의 값을 바꾸려면 새로운 데이터 구조를 생성하고, 원본은 그대로 유지해야 합니다. 이러한 방식을 사용한다면 다른 부분이 예기치 않게 영향을 받는 것을 방지하며, 프로그램의 동작 또한 예측하기 쉽게 만듭니다.

1.2.3 정리하며

정리하자면 함수형 프로그래밍에서 가장 중요한 핵심 개념은 순수 함수이며, 순수 함수는 함수 내의 변화 즉 부수 효과 없이 오직 입력에만 영향을 받는 함수라고 볼 수 있습니다. 그렇다면 딥러닝이라는 분야에서 함수형 프로그래밍이 왜 효율적일까요? 크게 3가지 이유에서 딥러닝을 함수형 프로그래밍으로 수행하는 것이 효율적이라고 볼 수 있습니다.

우선, 함수형 프로그래밍의 순수 함수와 데이터의 불변성은 부수 효과가 없다는 뜻이고, 이 덕분에 딥러닝 연산 시 JAX에서 사용하는 XLA 컴파일에 최적화된 처리가 가능해집니다. 또한, 순수 함수와 데이터 불변성은 병렬처리와 분산처리를 수행할 때에도 상당히 유용합니다. 마지막으로 코드를 모듈화할 수 있게 되므로 코드의 재사용성이 높아지는데, 이는 딥러닝과 같이 연산이 많은 분야에서 매우 유용한 점입니다.

그러나 함수형 프로그래밍에서 오는 불편함도 존재합니다. 그때그때마다 바뀌는 `Dropout`과 같은 연산이나 배치 정규화를 진행할 때의 연산은 `state`를 따로 지정해줘야 하며, 부수 효과를 만들지 않기 위해 일반적인 가중치 계산을 사용해서는 안 됩니다.

우리가 다룰 JAX나 Flax의 경우, 함수형 프로그래밍을 사용할 때 쓰는 불편함을 최소한으로 두고 함수형 프로그래밍으로 얻을 수 있는 이점을 최대한 사용합니다. 그럼에도 파이토치나 텐서플로와 달리 함수형 프로그래밍으로 된 JAX는 이질적인 것이 있기 때문에 공부하다가 개념이 이해되지 않는다면 이번 절을 다시 한번 읽어보기 바랍니다.

> **참고**
>
> 텐서플로나 파이토치는 Functional API를 사용해 함수처럼 신경망을 쌓는 방식을 지원합니다. 해당 API의 경우에는 함수형 프로그래밍에 영향을 받았지만 순수한 함수형 프로그래밍이라고 보기는 어렵습니다. 함수형 프로그래밍의 경우 불변성과 부수 효과가 없어야 하는 것이 선결 조건입니다. Functional API의 경우 가중치를 업데이트하고 내부 상태가 변경되기 때문에 Functional API는 함수형 프로그래밍이라 볼 수 없습니다.

1.3 JAX/Flax에서 자주 사용하는 파이썬 표준 라이브러리

이번 절에서는 JAX/Flax를 사용한다면 자주 보게 되는 파이썬 표준 라이브러리 모듈 함수에 대해 알아볼 것입니다. 이번에 볼 파이썬 모듈 메서드는 `functools.partial()`, `Typing.Any()`, `argparse`입니다. 해당 모듈들은 비단 JAX와 Flax뿐만 아니라 실제로 딥러닝을 할 때 자주 사용하게 되며, 실무에서도 많은 도움을 받을 수 있을 것입니다.

1.3.1 functools.partial()

functools는 파이썬의 표준 라이브러리로 고차 함수와 같은 함수를 사용해 작업을 처리하는 데 도움이 되는 도구와 기능을 제공합니다. functools에는 `reduce()`, `lru_cache()`와 같은 메서드들이 존재하지만 딥러닝에서 가장 많이 사용하고 있는 메서드는 `functools.partial()`입니다.

`functools.partial()`은 기존 함수에 일부 인수를 고정하는 새로운 함수를 만드는 데 사용하는 메서드입니다. `functools.partial()`은 하나 이상의 인수를 고정한 상태에서 동일한 함수를 여러 번 호출하는 경우에 유용합니다. 특히 딥러닝과 같은 고차 함수가 들어가거나 함수형 프로그래밍 패턴을 구현하는 데 자주 사용하는 메서드입니다.

예제 1-5 functools.partial을 사용하지 않은 함수와 사용한 함수 비교

```python
# partial을 사용하지 않은 예시
def add_mul(x, y, z):
    return x + y * z

print('not_using_partial :', add_mul(2, 3, 1))
print('not_using_partial :', add_mul(3, 4, 1))
print('not_using_partial :', add_mul(6, 8, 1))

# partial을 사용한 예시
from functools import partial

add_2 = partial(add_mul, z = 1)

print('using_partial :', add_2(2, 3))
print('using_partial :', add_2(3, 4))
print('using_partial :', add_2(6, 8))
```
```
not_using_partial : 5
not_using_partial : 7
not_using_partial : 14

using_partial : 5
using_partial : 7
using_partial : 14
```

예제 1-5에서 partial을 사용하지 않는 경우, z가 고정되어 있는 상황에서도 모든 함수에 인수를 동일하게 계속 넣어줘야 합니다. 이에 반해 partial을 사용하게 되면 z를 고정할 수 있어 실제 함수를 작성할 때 인수를 줄일 수 있습니다. 만일 인수를 여러 개 고정해야 하는 상황이라면 해당 메서드는 매우 유용하게 사용할 수 있습니다.

일반적으로 해당 메서드는 partial()이라는 함수를 선언해서 사용합니다. 그러나 JAX에서는 해당 메서드를 데커레이터decorator로 활용합니다. 데커레이터로 사용하면 코드 간결성이나 코드 재사용이 늘어난다는 장점을 갖고 있습니다. 다만 해당 사항은 JAX에서 제공하는 기능으로, 실제 functools.partial()은 데커레이터를 지원하지 않습니다.

예제 1-6 **JAX에서 partial() 데커레이터를 활용하는 예시**

```
import jax
import jax.numpy as jnp
from functools import partial

@partial(jax.jit, static_argnames=['n'])
def g(x, n):
    for i in range(n):
        x = x ** 2
    return x

g(jnp.arange(4), 3)
```
```
Array([   0,    1,  256, 6561], dtype=int32)
```

이번 예제는 @partial에만 집중해서 살펴보겠습니다. 해당 데커레이터는 jax.jit라는 함수에서 고정시키고 싶은 인수인 n을 static_argnames로 고정시키고 컴파일됩니다. 이 방식을 취하면 n은 컴파일되어 추가적인 계산을 진행하지 않습니다.

따라서 JAX에서 partial 데커레이터를 사용하면, 굳이 선언할 필요 없이 병렬처리를 할 수 있게 도와줍니다.

1.3.2 **typing 모듈**

typing 모듈은 파이썬 3.5 버전부터 추가된 표준 라이브러리로 타입 힌트를 제공하는 모듈입니다. 이 모듈을 사용하게 되면 정적 타이핑을 지원해 코드의 가독성과 유지 보수성을 높이고 런타임 오류를 줄이는 데 도움을 줍니다.

현재 JAX 공식 문서에서는 타입을 작성할 때 typing 모듈 사용을 권장하고 있습니다. 물론 JAX가 사용하는 타입 중에서는 공식 라이브러리가 포함하지 못하는 타입이 다수 있으며, 이때는 typing.Any()를 활용해서 처리합니다.

예제 1-7 typing.Any()를 활용한 예시

```
Array = Any
Shape = core.Shape

def slice(operand: Array, start_indices: Sequence[int],
    limit_indices: Sequence[int],
    strides: Optional[Sequence[int]] = None) -> Array:
    ...
```

예제 1-7은 jax.lax.slicing.py에서 가져온 사례입니다. slice()라는 함수를 살펴보면 Array는 Any로 타입을 정의하고 있습니다. typing.Any는 어떠한 타입이든 들어갈 수 있다는 것을 의미합니다. 해당 Array는 JAX에서만 사용하고 있는 정적 타입이다 보니 typing 모듈로 정의할 수 없어 우선적으로 Any라는 타입을 사용했습니다. JAX에서는 JAX만의 타입을 Any로 표현하고 있으므로 만일 공식 문서를 확인하거나 소스 코드를 확인할 때 Any라는 타입이 나오면 JAX에서 사용하고 있는 타입을 의미한다고 해석하면 됩니다.

Flax에서는 모델의 인수를 지정할 때 활용됩니다. Flax의 경우 다른 프레임워크와 달리 함수를 모듈화시켜 인수를 작성할 때 예제 1-8처럼 작성합니다.

예제 1-8 Flax에서 Typing 사용 예시

```
from typing import Any, Callable,Tuple
```

```
from flax import linen as nn
import jax.numpy as jnp

ModuleDef = Any

class ResNetBlock(nn.Module):
    """잔차 블록 선언"""
    filters: int
    conv: ModuleDef
    norm: ModuleDef
    act: Callable
    strides: Tuple[int, int] = (1, 1)

# 모델 선언(생략)
```

예제 1-8은 Flax에서 매개변수를 설정할 때 사용하는 인수를 정적 타입으로 정의한 예시입니다. 여기서 `Callable`은 함수를 변수에 저장하거나 함수의 인수로 넘길 수 있으며, 함수의 반환값으로도 활용됩니다. `Tuple`은 파이썬 자료형인 튜플을 의미합니다. 이러한 방식으로 Flax에서 사용하게 되면 우리가 사용할 매개변수들의 타입을 알 수 있어 타입 검사할 때 용이합니다.

1.3.3 정리하며

2가지 모듈의 경우, JAX에서 유독 자주 보이는 모듈인 동시에 JAX에서 특이하게 작동하는 편이므로 함께 소개했습니다. `functools.partial()`의 경우 텐서플로나 파이토치를 사용할 때 사용하지만, JAX에서는 해당 메서드가 데커레이터로 작동하며 추후 JIT 컴파일을 공부할 때 유용하게 활용 가능합니다.

`typing.Any()`의 경우 JAX에서만 사용하는 `Array`를 표현하고 정적 타입 검사를 위해 사용합니다. Flax에서는 매개변수에 대한 애너테이션으로 사용해 타입 검사에 활용합니다.

물론 `Any` 대신 JAX만의 타입을 정하려는 시도도 있기는 하지만,[2] 집필 시점에서는 공식 문서에서도 `Any`를 사용하는 걸 권장하고 있습니다. 따라서 추가적인 업데이트가 일

---

2 https://github.com/google/jaxtyping

어나지 않는 한 `typing` 모듈을 쓰는 것을 추천합니다.

1.4 JAX/Flax 설치 방법

JAX는 파이썬으로 작성되어 있지만 XLA를 활용하기 위해는 jaxlib 패키지가 필요합니다. jaxlib는 리눅스(우분투 16.04 이상), macOS(10.12 이상) 플랫폼에만 설치 가능합니다. 윈도우 사용자는 CPU만 활용할 수 있긴 하지만 WSL_{Windows Subsystems for Linux}에서 JAX를 설치할 수 있습니다.

1.4.1 로컬에 JAX/Flax 설치하기

로컬 환경인데 GPU가 없는 경우, CPU 전용 버전의 JAX가 유용할 수 있습니다. 그러나 JAX의 장점인 고성능을 활용하고 싶다면 CUDA를 지원하는 GPU 환경을 구축하고 JAX를 설치하는 것을 추천합니다.

```
pip install -upgrade pip
pip install -upgrade "jax[cpu]"  # CPU 버전
pip install --upgrade "jax[cuda12_pip]" -f https://storage.googleapis.com/jax-releases/jax_cuda_releases.html  # GPU 버전
```

JAX를 설치했다면 Flax도 간단하게 설치를 진행할 수 있습니다.

```
pip install flax
```

1.4.2 코랩에서 TPU 사용하기

현재 코랩(콜랩)_{Colab}에서 TPU를 사용하기 위해서는 JAX와 jaxlib를 0.4.26 버전으로 맞춰서 설치해야 합니다.

다음과 같이 TPU Device 8개가 붙어 있는 걸로 확인되면 TPU 사용이 가능합니다.

```
import jax.tools.colab_tpu
jax.tools.colab_tpu.setup_tpu()

jax.devices()
```

```
[TpuDevice(id=0, process_index=0, coords=(0,0,0), core_on_chip=0),
 TpuDevice(id=1, process_index=0, coords=(0,0,0), core_on_chip=1),
 TpuDevice(id=2, process_index=0, coords=(1,0,0), core_on_chip=0),
 TpuDevice(id=3, process_index=0, coords=(1,0,0), core_on_chip=1),
 TpuDevice(id=4, process_index=0, coords=(0,1,0), core_on_chip=0),
 TpuDevice(id=5, process_index=0, coords=(0,1,0), core_on_chip=1),
 TpuDevice(id=6, process_index=0, coords=(1,1,0), core_on_chip=0),
 TpuDevice(id=7, process_index=0, coords=(1,1,0), core_on_chip=1)]
```

## CHAPTER 2

JAX의 특징

1장에서 JAX를 공부하기 위해 필요한 몇 가지 내용을 간단하게 살펴보았습니다. 이제 2장에서는 JAX의 더 깊이 있는 기능들을 탐구할 것입니다. 이 장에서는 `jax.numpy`, JIT 컴파일, 의사 난수 생성, pytree, pmap, JAX의 상태 관리 등에 대해 자세히 다룰 것입니다. 이 각각의 기능은 JAX가 제공하는 강력한 도구들로, 고성능 수치 계산과 머신러닝 분야에서 중요한 역할을 합니다.

`jax.numpy`는 NumPy의 기능을 JAX로 확장한 것으로, GPU나 TPU와 같은 가속기를 사용하여 높은 성능을 제공합니다. 이는 과학 계산과 데이터 분석에 널리 사용되는 표준 도구인 NumPy의 기능을 활용하면서도, JAX의 자동 미분과 벡터화된 연산 능력을 통해 향상된 성능을 경험할 수 있게 합니다. JIT 컴파일은 JAX의 중요한 특징 중 하나로, 파이썬 코드를 고성능의 기계어로 변환하여 실행 속도를 대폭 향상시킵니다. 이러한 변환은 특히 복잡한 수치 계산이나 대규모 데이터 처리에서 중요한 성능 향상을 가져옵니다.

의사 난수 생성은, JAX에서는 재현 가능한 난수 생성을 위한 도구로 사용됩니다. pytree는 다양한 데이터 구조를 효율적으로 처리할 수 있게 해주는 유용한 메커니즘입니다. pmap은 병렬처리를 위한 기능으로, 여러 장치에서 데이터를 분산처리하는 데 사용됩니다. 마지막으로 JAX의 상태 처리는 함수형 프로그래밍 패러다임을 따르며, 부수 효과와 상태 변경을 최소화하여 프로그램의 예측 가능성과 재사용성을 높입니다.

이 모든 기능은 JAX를 강력하고 유연한 도구로 만드는 핵심 요소들입니다. JAX는 고성능 수치 계산, 머신러닝, 데이터 과학 분야에서 널리 사용되며, 그 특징들은 복잡한 문제를 해결하는 데 매우 중요한 역할을 합니다. 이러한 고급 기능들을 통해 JAX는 빠른 계산 속도, 높은 효율성, 코드의 간결함 등을 제공합니다.

2.1 NumPy에서부터 JAX 시작하기

JAX를 설명하기에 앞서, NumPy로 머신러닝을 구현한다고 하면 어떻게 될까요? JAX는 머신러닝을 위해 NumPy를 개선한 프레임워크이기 때문에 이 고민은 의미가 있습니다. 먼저, NumPy는 기본적으로 배열 데이터를 효율적으로 처리하는 데 탁월한 라이브러리입니다. 과학 계산에 널리 사용되며, 머신러닝에서도 데이터 전처리, 통계적 분석 등에 활용되고 있습니다. 하지만 NumPy는 기본적으로 CPU에서 작동하며 GPU나 TPU 등의 하드웨어 가속에 한계가 있습니다. 또한 복잡한 미분 연산이나 최적화 작업을 직접 구현하는 것이 번거롭고 어렵습니다.

이러한 문제를 해결하기 위해 딥마인드는 JAX를 개발했습니다. JAX는 기본적으로 NumPy API를 따르지만, 자동 미분(Autograd)과 XLA 컴파일러를 사용하여 GPU 및 TPU에서도 빠르게 작동하도록 설계되었습니다. 이를 통해 NumPy와 같은 직관적인 인터페이스를 유지하면서도, 머신러닝 연구에서 요구되는 고성능 계산과 복잡한 연산의 자동화를 가능하게 했습니다. 따라서 JAX는 NumPy를 기반으로 머신러닝을 구현하고자 하는 고민에 대한 혁신적인 해결책을 제시합니다.

2.1.1 JAX와 NumPy 비교하기

먼저, JAX와 NumPy 모두 파이썬에서 사용할 수 있는 라이브러리이므로, 사용법이 매우 유사합니다. 간단한 벡터 연산으로 2개의 라이브러리를 비교해보겠습니다. NumPy는 최근 2.0 버전이 나왔지만, 이 책의 실습을 위해서는 1.x 버전을 사용해야 합니다.

NumPy에서는 다음과 같이 벡터를 생성하고 연산을 수행할 수 있습니다.

```
import jax
import jax.numpy as jnp
import numpy as np
from IPython.display import display

x = np.array([1.0, 2.0, 3.0, 4.0])
y = np.array([5.0, 6.0, 7.0, 8.0])
z = x + y

display(z)
```
```
array([6., 8., 10., 12.])
```

마찬가지로, JAX에서도 거의 동일한 방식으로 코드를 작성할 수 있습니다.

```
x = jnp.array([1.0, 2.0, 3.0, 4.0])
y = jnp.array([5.0, 6.0, 7.0, 8.0])
z = x + y
display(z)
```
```
Array([6., 8., 10., 12.], dtype=float32)
```

보다시피 JAX는 NumPy와 거의 동일한 API를 제공하므로, NumPy에 익숙한 사용자라면 JAX를 빠르게 습득하고 사용할 수 있습니다. 또한 JAX의 큰 장점 중 하나는 이런 간단한 연산분만 아니라 복잡한 미분 연산 등도 지원한다는 것입니다. 이를 통해 머신러닝 모델의 학습과 최적화 과정을 더 쉽게 구현할 수 있습니다.

2.1.2 JAX에서 미분 계산하기

JAX의 강력한 기능 중 하나는 **자동 미분**automatic differentiation입니다. 이는 머신러닝에서 중요한 역할을 하는데, 모델의 매개변수에 대한 손실 함수loss function의 **그레이디언트(기울기)**gradient를 계산하는 데 사용되기 때문입니다. JAX는 `jax.grad` 함수를 사용하여 이를 간단하게 수행할 수 있습니다.

$f(x) = x^2$이라는 간단한 함수를 정의하고 그 함수의 미분을 계산해보겠습니다.

```
def f(x):
    return x ** 2

df = jax.grad(f)

display(df(3.0))
```
```
Array(6., dtype=float32)
```

이 코드에서 `jax.grad(f)`는 함수 `f`의 그레이디언트를 계산하는 새로운 함수를 반환합니다. 이 반환된 함수를 `df`로 정의합니다. 따라서 `df(3.0)`은 `f`의 `3.0`에서의 그레이디언트, 즉 `2 * x`에 `x = 3.0`을 대입한 결과인 `6`를 반환합니다.

이렇게 `jax.grad`를 사용하면 복잡한 함수에 대해서도 그레이디언트를 쉽게 계산할수 있으며, 이는 머신러닝에서 중요한 역할을 하는 경사 하강법gradient descent 알고리즘을 구현하는 데 매우 유용합니다. 이 외에도 JAX는 미분의 미분인 고계 미분higher-order derivative 계산도 `jax.grad`를 여러 번 호출하는 방식으로 매우 간단하게 수행할 수 있습니다. 예를 들어 앞에서 정의한 $f(x) = x^2$ 함수의 2차 도함수를 계산해봅시다.

```
def f(x):
    return x ** 2

d2f = jax.grad(jax.grad(f))

display(d2f(3.0))
```
```
Array(2., dtype=float32)
```

이 코드에서 `jax.grad(jax.grad(f))`는 함수 `f`의 2차 도함수를 계산하는 새로운 함수를 반환합니다. 즉 `d2f(3.0)`은 `f`의 `3.0`에서의 2차 도함수, `2`를 반환합니다.

이처럼 JAX의 자동 미분 기능은 복잡한 미분 연산을 간단하게 처리하며, 이는 딥러닝과 같은 복잡한 머신러닝 모델에서 매개변수를 최적화하는 데 필수입니다. 이 기능은

JAX가 다른 수치 계산 라이브러리와 비교했을 때 강력한 도구로 자리 잡게 된 주요 이유 중 하나입니다.

2.1.3 손실 함수의 그레이디언트 계산하기

이번엔 예측값과 실젯값을 받아서 손실 함수로 그레이디언트를 구해봅니다. 간단한 손실 함수를 정의하고, 이 함수의 그레이디언트를 계산해보겠습니다. 이 예제에서는 평균제곱오차mean squared error, MSE를 손실 함수로 사용합니다. 이 함수는 회귀 문제에서 자주 사용되는 손실 함수입니다.

```
# 임의의 예측값과 실젯값
y_true = jnp.array([1.0, 2.0, 3.0])
y_pred = jnp.array([1.5, 1.5, 3.5])

# 손실 함수의 그레이디언트를 계산하기 위한 함수 정의
grad_mse_loss = jax.grad(mse_loss, argnums=1)

# 그레이디언트 계산
gradient = grad_mse_loss(y_true, y_pred)

display(gradient)
```
```
Array([ 0.33333334, -0.33333334,  0.33333334], dtype=float32)
```

여기서 `jax.grad` 함수의 `argnums` 매개변수는 그레이디언트를 계산할 인수의 인덱스를 지정합니다. 이 경우 `y_pred`에 대한 그레이디언트를 계산하기를 원하므로 `argnums=1`로 설정했습니다.

이처럼 JAX를 사용하면 손실 함수의 그레이디언트를 쉽게 계산할 수 있으며, 이는 모델의 매개변수를 업데이트하는 데 사용할 수 있습니다. 또한 경사 하강법 등의 그레이디언트 기반 최적화 알고리즘을 구현하는 데 매우 유용합니다.

추가적으로 `jax.value_and_grad`라는 함수를 사용하면 방금 살펴본 손실 함수의 그레이디언트와 동시에 값도 계산할 수 있습니다. 앞에서 정의한 평균제곱오차 손실 함수에 대해 jax.value_and_grad를 사용하면 다음과 같이 프로그래밍할 수 있습니다.

```
def mse_loss(y_true, y_pred):
    return jnp.mean((y_true - y_pred) ** 2)

# 임의의 예측값과 실젯값
y_true = jnp.array([1.0, 2.0, 3.0])
y_pred = jnp.array([1.5, 1.5, 3.5])

# 손실 함수와 그레이디언트를 동시에 계산하기 위한 함수 정의
value_and_grad_mse_loss = jax.value_and_grad(mse_loss, argnums=1)

# 손실값과 그레이디언트 동시에 계산
loss_value, gradient = value_and_grad_mse_loss(y_true, y_pred)

display('Loss Value:', loss_value)
display('Gradient:', gradient)
```

```
Loss Value: 0.25
Gradient: Array([ 0.33333334, -0.33333334,  0.33333334], dtype=float32)
```

2.1.4 손실 함수의 중간 과정 확인하기

앞에서 사용한 mse_loss 손실 함수를 다시 살펴봅시다. y_true - y_pred를 계산한 뒤에 제곱을 합니다. 이 함수의 그레이디언트 jax.grad로 손쉽게 계산할 수 있지만, 그레이디언트를 계산하면서 동시에 y_true - y_pred와 같은 중간 결과물을 보고 싶다면 어떻게 하는 것이 좋을까요?

```
def mse_with_aux(pred, target):
    error = pred - target
    mse = np.mean(error ** 2)
    return mse, error  # MSE 결과와 보조 결과인 에러를 반환

# 가정된 예측값과 타깃값
pred = np.array([1.0, 2.0, 3.0])
target = np.array([1.5, 2.5, 3.5])

grad_fun, aux = jax.grad(mse_with_aux)(pred, target)  # TypeError 발생
```

안타깝지만 위 경우에 마지막 `jax.grad` 함수는 정상적으로 작동하지 않고 `TypeError`가 발생합니다. `jax.grad`는 기본적으로 출력이 스칼라인 스칼라 함수만 지원하기 때문입니다. 앞에서 정의한 `mse_with_aux` 함수는 `mse`뿐만 아니라 `error`도 같이 출력하기 때문에 스칼라 함수가 아닙니다.

이러한 경우에는 `jax.grad`의 `has_aux` 매개변수를 사용할 수 있습니다. `has_aux` 매개변수를 `True`로 설정하면, 입력 함수는 두 가지 출력을 가진 것으로 가정하며, 두 번째 출력은 그레이디언트 계산에 사용되지 않는 '보조적인auxiliary' 결과로 취급됩니다. 이렇게 하면 그레이디언트를 계산하면서 함수의 중간 결과물에 대한 정보를 동시에 얻을 수 있습니다.

```
grad_fun, aux = jax.grad(mse_with_aux, has_aux=True)(pred, target)  # 정상적으로
작동함
```

이 경우, `grad_fun`에는 `mse_with_aux` 함수의 첫 번째 반환값(MSE)에 대한 그레이디언트가 저장되고, `aux`에는 두 번째 반환값(오차)이 저장됩니다. 이렇게 하면 MSE 손실을 계산하면서 예측과 타깃 사이의 오차도 동시에 확인할 수 있습니다.

2.1.5 JAX의 함수형 언어적 특징 이해하기

이 장에서 지금까지 JAX의 가장 기본적인 연산들을 살펴봤습니다. 처음에는 NumPy와 크게 달라 보이지 않았지만 `jax.grad`로 그레이디언트를 계산하는 과정은 NumPy뿐만 아니라 다른 파이썬 기반 프로그램들과 사뭇 다르게 작동했습니다.

```
def f(x):
    return x ** 2

df = jax.grad(f)
d2f = jax.grad(df)  # jax.grad(jax.grad(f))와 같음

display(df(2.0))
display(d2f(2.0))
```

```
Array(4., dtype=float32)
Array(2., dtype=float32)
```

앞서 살펴봤던 코드를 다시 가져왔습니다. 마지막 두 줄을 보면 `df`와 `d2f`는 모두 함수이며 `f`에 함수 `jax.grad`를 차례로 합성하면서 만들었습니다. 이 방식은 1장에서 설명한 함수형 프로그래밍에서는 일반적입니다. JAX를 시작하기 전에 함수형 프로그래밍을 설명한 이유가 여기에 있습니다. `jax.grad` 외에도 다음 장부터 JAX가 제공하는 다양한 함수형 기능을 보여줄 것입니다. 이 기능들이 JAX를 강력하게 만듭니다. 다만, 이 기능을 사용하기 위해서는 1장에서 설명한 함수형 프로그래밍의 제약을 따를 필요가 있습니다. 바로 부수 효과 없는 함수를 설계해야 하는 것입니다. 다음은 부수 효과의 예입니다.

```
x = np.array([1, 2, 3])

def in_place_modify(x):
    x[0] = 123
    return None

in_place_modify(x)
display(x)  # 출력: array([123, 2, 3])

in_place_modify(jnp.array(x))  # TypeError 발생
```

위 코드에서 함수 `in_place_modify`는 입력된 `array`의 첫 번째 원소를 123으로 바꿉니다. 함수의 입력을 바꾸면서 부수 효과를 만들어낸 것입니다. 이를 방지하기 위해 JAX는 NumPy와 다르게 `array`의 직접적인 수정을 허용하지 않습니다. 따라서 이와 같은 기능을 구현하려면 다음처럼 JAX가 제공하는 부수 효과 없는 함수들을 사용해야 합니다.

```
x = jnp.array([1, 2, 3])

def jax_modify(x):
    return x.at[0].set(123)

y = jax_modify(x)
```

```
display(x)
display(y)
```
```
Array([1, 2, 3], dtype=int32)
Array([123,   2,   3], dtype=int32)
```

부수 효과가 발생하지 않았기 때문에 함수 `jax_modify`의 입력이었던 `x`는 아무 변화도 없습니다. 대신 함수의 출력 `y`는 우리가 원하는 값이 되었습니다. 이렇게 부수 효과 없는 함수를 순수 함수라고 합니다.

`jax.grad`와 같은 합성 함수 기능을 사용하려면 순수 함수로 코드를 작성해야 하는 것은 피할 수 없을 것 같습니다. 그러나 너무 비효율적이지 않을까요? 앞의 예제에서도 값 하나를 바꾸기 위해 전체 `array` 크기만큼 메모리를 추가로 할당해야 하니까요. 다행히도 뒤에서 배울 `jax.jit`이라는 다른 합성 함수 기능을 통해 이 부분은 해결됩니다. `jax.jit`은 첫 실행 시 입력받은 함수를 컴파일한 함수로 반환하는데요, 이때 기존 `array`를 사용하지 않는다면 컴파일러가 `in place` 수정임을 알아채고 효율적으로 컴파일된 코드를 만들어내기 때문입니다.

또한 JAX를 사용한다고 해서 모든 코드를 함수형으로 작성해야 할 필요도 없습니다. 필요한 경우 함수형으로 작성하되, 그렇지 않아도 되는 코드는 다른 파이썬처럼 작성할 수 있기 때문입니다. 다만 `jax.grad`나 `jax.jit`과 같이, 합성을 사용할 함수들은 순수 함수로 작성되어야 합니다.

2.1.6 JAX로 간단한 학습 돌려보기

이 절을 마무리하기 전에 간단한 머신러닝 모델을 학습해보면 좋을 것 같습니다. 여기 간단한 수식이 있습니다.

$$y = w_{\text{true}} + b_{\text{true}} + \epsilon$$

이 식으로 다음과 같이 데이터를 만들고 이를 이용해 w_{true}와 b_{true}를 찾는 선형회귀를 JAX로 해보겠습니다.

```
import numpy as np
import matplotlib.pyplot as plt

xs = np.random.normal(size=(100,))
noise = np.random.normal(scale=0.1, size=(100,))
ys = xs * 3 - 1 + noise

plt.scatter(xs, ys)
```

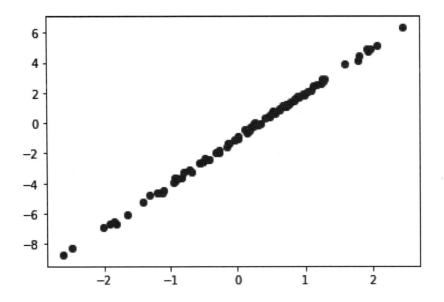

그다음 w_{true}와 b_{true} 대신 우리가 추정해야 할 매개변수 $\theta = [w, b]$로 모델을 정의하겠습니다.

```
def model(theta, x):
    w, b = theta
    return w * x + b
```

수식으로 표현하면 $\hat{y}(x; \theta) = wx + b$가 우리의 모델이 됩니다. 손실 함수는 실제 s와의 차이의 제곱으로 하겠습니다. 즉 손실 함수 $J(x, y; \theta) = (\hat{y} - y)^2$을 코드로 작성하면 다음과 같습니다.

```
def loss_fn(theta, x, y):
    prediction = model(theta, x)
    return jnp.mean((prediction-y)**2)
```

학습하려면 경사 하강 알고리즘을 사용하면 될 것 같습니다. 경사 하강 알고리즘에서는 이전 스텝의 매개변수에서 매개변수에 대한 손실 함수의 그레이디언트에 학습률 learning rate(γ)을 곱한 값을 빼주면 됩니다. 식과 코드로 나타내면 다음과 같습니다.

$$\theta_{\text{new}} = \theta_{\text{old}} - \gamma\nabla f(\theta_{\text{old}})$$

```
def update(theta, x, y, lr=0.1):
    return theta - lr * jax.grad(loss_fn)(theta, x, y)
```

JAX를 사용할 때는 위의 코드처럼 update() 함수를 많이 사용합니다. 이 함수는 매 스텝마다 현재 매개변수를 입력받아서 새로운 매개변수를 출력합니다. 매개변수를 바로 바꾸지 않고 이렇게 함수의 입력으로 받아서 처리하는 방식은 JAX의 함수형 패러다임의 영향이라고 생각해도 좋습니다. 따라서 앞에서 언급한 jax.jit에 의해 굉장히 효율적으로 계산할 수 있습니다. 이에 대한 자세한 설명은 다음 장에서 계속하겠습니다. 먼저 다음 학습 코드를 봅시다.

```
theta = jnp.array([1., 1.])

for _ in range(1000):
    theta = update(theta, xs, ys)

plt.scatter(xs, ys)
plt.plot(xs, model(theta, xs))

w, b = theta
print(f"w: {w:<.2f}, b: {b:<.2f}")  # 출력: w: 3.00, b: -1.00
```

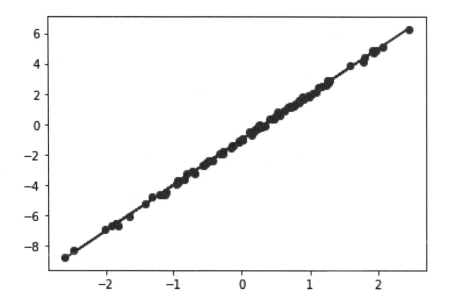

이 코드는 `jax.jit`에 의해 보다 더 빠르게 계산됩니다.

지금까지 JAX의 가장 기본적인 부분에 대해 살펴봤습니다. 함수형 패러다임 아래 `jax.grad`를 사용하는 것은 익숙하지 않을 수도 있지만 NumPy와 유사한 코드로 간단한 모델을 학습할 수 있었습니다. 다만 위 선형회귀 모델처럼 `array` 하나에 모든 매개변수를 저장할 수 없는 큰 인공 신경망 같은 경우엔 어떻게 해야 할지 설명이 필요합니다. 이 부분은 후반의 pytree에 관한 설명에서 확인할 수 있습니다.

2.2 JAX의 JIT 컴파일

JAX는 **JIT 컴파일**just-in-time compilation을 통해 더 빠른 연산을 지원합니다. 이 절에서는 JAX의 `jax.jit()`을 이용한 JIT 컴파일에 대해 알아봅니다. 이미 설명했던 것처럼 `jax.jit()`은 `jax.grad()`처럼 변환에 의해 수행됩니다. 앞으로 더 많은 변환을 배우게 될 텐데, 이 시점에서 JAX에서 말하는 변환이 무엇인지에 대해 먼저 설명이 필요할 것 같습니다.

2.2.1 JAX 변환 이해하기

JAX에서의 변환transformation은 주어진 함수를 변경하거나 수정하는 방식을 의미합니다. 이런 변환은 주로 성능 최적화나 자동 미분 등을 가능하게 하는 역할을 합니다. 그리고 이러한 변환은 JAX 표현식JAX expression 혹은 짧게는 jaxpr이라고 부르는 중간 언어intermediate language를 통해 이루어집니다. 여기서 중간 언어가 무엇인지는 자세히 알지 못해도 괜찮습니다. 중간 언어는 컴퓨터 프로그래밍에서 특정 코드를 다른 코드로 변환할 때 사용되는 일종의 언어 또는 표현 방식을 가리킵니다. 흔히 고수준 언어에서 저수준 언어(예: 머신 코드)로 변환하는 컴파일 과정에서 생성되며, 이 과정에서 컴파일러의 최적화 작업이 일어납니다.

jaxpr은 어떻게 구할 수 있을까요? 다음은 `jax.make_jaxpr()`를 통해 간단한 덧셈 함수의 jaxpr을 구하는 예제입니다.

```
from jax import make_jaxpr

def my_function(x, y):
    return x * y + 2

print(make_jaxpr(my_function)(3., 4.))
```

```
{ lambda  ; a b.
  let c = mul a b
      d = add c 2.0
  in (d,) }
```

이 출력은 `my_function`에 대한 계산 그래프를 나타냅니다. 먼저 입력 `a`와 `b`에 대한 곱셈 연산을 수행하고, 그 결과에 `2.0`을 더하는 연산을 수행하는 것을 나타냅니다. 이렇게 `jax.make_jaxpr`을 사용하면 특정 함수의 계산 그래프를 명시적으로 보거나 디버깅할 수 있습니다. JAX의 전반적인 최적화와 자동 미분 기능은 이러한 JAX 표현식을 기반으로 작동합니다.

좀 더 jaxpr에 대해 자세히 알아보겠습니다. 다시 한번 덧셈 함수의 jaxpr을 구해봅니다. 다만 함수 밖의 리스트에 함수의 입력을 기록하도록 했습니다.

```
global_list = []

def my_function(x, y):
    global_list.append(x)
    global_list.append(y)
    return x * y + 2

print(make_jaxpr(my_function)(3., 4.))
```

```
{ lambda  ; a b.
  let c = mul a b
      d = add c 2.0
  in (d,) }
```

처음과 같은 출력이 나왔습니다. 왜 `global_list`는 jaxpr에 반영되지 않을까요? 이는 전에 설명했던 함수형 프로그래밍의 부수 효과 때문입니다. JAX 표현식과 함수형 프로그래밍은 깊은 연관성을 가지고 있습니다. 복습하면, 함수형 프로그래밍은 순수 함수와 불변성의 원칙을 따르는 프로그래밍 패러다임입니다. '순수 함수'는 주어진 입력에 대해 항상 동일한 출력을 반환하며 부수 효과가 없는 함수를 의미하고, '불변성'은 한번 생성된 데이터의 상태가 변하지 않는 것을 의미합니다.

JAX 표현식은 이러한 함수형 프로그래밍의 원칙을 따릅니다. JAX 표현식은 순수 함수의 계산을 중간 언어로 표현하며, 이 중간 언어를 통해 주어진 함수의 계산 그래프를 만듭니다. 이 계산 그래프는 함수의 입력에서 출력까지의 변환을 단계별로 표현하므로, 함수의 순수성과 불변성을 명확하게 보여줍니다.

순수 함수와는 반대로 전역변수를 변경하는 함수나 랜덤값을 반환하는 함수 등이 비순수 함수입니다. 이런 함수들은 실행할 때마다 결과가 달라질 수 있으므로, 이런 함수에 `jax.make_jaxpr()`을 적용하면, 해당 비순수 함수의 특정 실행에 대한 계산 그래프만을 생성하게 됩니다. 따라서 같은 비순수 함수에 대해 여러 번 `jax.make_jaxpr()`을 호출하면, 매번 다른 계산 그래프가 생성될 수 있습니다.

그러면 비순수 함수들을 실행할 때마다 결과가 달라질 수 있으므로, JAX 변환된 함수들도 실행 결과가 매번 달라질까요? 그렇지는 않습니다. 왜냐하면 JAX 변환을 위해 JAX가 함수의 jaxpr을 한번 생성하고 나면 다시 생성하지 않기 때문입니다.

JAX는 변환하고자 하는 함수의 첫 번째 호출 때 추적tracing을 통해 jaxpr을 생성하고 이를 이용해 JAX 변환을 진행합니다. 이 첫 번째 호출에서 부수 효과가 발생할 수 있으나 이 부수 효과를 함수 추적에 기록하지는 않습니다.

따라서 사용자는 비순수 함수를 작성하고 JAX에서 사용할 수는 있으나 JAX 변환된 함수는 사용자가 원하는 동작을 하지 않을 수 있음을 염두에 두어야 합니다.

간단한 비순수 함수를 작성해서 JAX 표현식을 생성해보겠습니다. 파이썬 `print()`는 대표적인 비순수 함수입니다. 텍스트 출력은 함수 외부의 상태를 변경하는 것이므로 부수 효과로 봐야 하기 때문입니다.

```python
def log2_with_print(x):
    print("printed x:", x)
    ln_x = jnp.log(x)
    ln_2 = jnp.log(2.0)
    return ln_x / ln_2

print(jax.make_jaxpr(log2_with_print)(3.))
```

```
printed x: Traced<Array(float32[], weak_type=True)>with<DynamicJaxprTrace(lev
el=1/0)>
{ lambda ; a:f32[]. let
    b:f32[] = log a
    c:f32[] = log 2.0
    d:f32[] = div b c
  in (d,) }
```

이 결과를 보면 `printed x:`가 `Traced`라는 객체object로 다뤄진 것을 볼 수 있습니다. 다만, JAX 표현식에 기록되지는 않았습니다. JAX 내부에서는 이렇게 함수를 처음 호출하면 함수의 모든 구성 요소를 `Traced` 객체로 변환하지만, 이 요소가 비순수 함수의 성격을 지닌다면 JAX 표현식에는 반영하지 않습니다. 참고로 비록 JAX 변환에는 반영되지 않더라도 이런 출력 함수를 적절히 이용하면 디버깅에 도움이 될 수 있습니다.

앞에서 함수를 처음 실행하는 과정을 만들기 위해 함수의 입력을 같이 넣어준 것에 주목합니다. 만약 입력에 따라 함수의 동작이 바뀐다면 JAX 표현식은 어떻게 만들어질까요? 답부터 말하면 첫 실행에 의해 결정되어서 변하지 않습니다.

```
def square_if_gt_2(x):
    if x.ndim > 2:
        return x**2
    else:
        return x

print(jax.make_jaxpr(square_if_gt_2)(jax.numpy.array([1, 2, 3])))
```
```
{ lambda ; a:i32[3]. let in (a,) }
```

위 예에서 첫 입력이 1이었기 때문에 JAX 표현식에는 입력을 제곱하여 출력하지 않고 그대로 출력하는 계산 그래프가 기록되었습니다.

2.2.2 함수를 JIT 컴파일하기

이제 JAX 표현식을 통한 JAX 변환이 무엇인지 알았으니 대표적인 JAX 변환 중 하나인 jax.jit에 대해 설명할 차례입니다. JAX는 앞서 설명한 바와 마찬가지로 같은 코드가 CPU/GPU/TPU에서 모두 실행됩니다. 그리고 XLA 컴파일러를 통해 각 가속기에서의 속도가 최적화됩니다. 먼저 SELU_scaled exponential linear unit를 구현한 예시를 봅시다.

```
def selu(x, alpha=1.67, lambda_=1.05):
    return lambda_ * jnp.where(x > 0, x, alpha * jnp.exp(x) - alpha)

x = jnp.arange(1000000)
%timeit selu(x).block_until_ready()
```
```
1.04 ms ± 91.5 µs per loop (mean ± std. dev. of 7 runs, 1000 loops each)
```

이 출력 결과는 구글 코랩의 T4 가속기에서 실행한 결과입니다.

이제 XLA 컴파일러를 이용해보겠습니다. JAX는 `jax.jit` 변환을 통해 JAX와 호환되는 함수들을 JIT 컴파일합니다. 얼마나 빨라지는지 확인해보겠습니다.

```
selu_jit = jax.jit(selu)

# 워밍업
selu_jit(x).block_until_ready()

%timeit selu_jit(x).block_until_ready()
```
```
144 µs ± 6.1 µs per loop (mean ± std. dev. of 7 runs, 10000 loops each)
```

7배 이상 빨라진 것을 확인할 수 있습니다. `jax.jit`이 함수 `selu()`를 `selu_jit()`으로 변환해준 덕입니다.

그런데 여기서 왜 `selu_jit()`을 두 번 호출했을까요? 사실 한 번만 호출해도 위 코드 는 정상적으로 작동합니다. 다만, 첫 번째 호출에서 JAX 표현식을 생성하고 이를 이용 해 `jax.jit` 변환을 했습니다. 두 번째 호출에서는 이 과정을 반복하지 않고 JIT 컴파일 된 결과를 재활용했기 때문에 두 번째 `%timeit`을 이용한 호출에서는 순수하게 JIT 컴 파일된 함수의 계산 속도를 측정할 수 있었습니다.

마지막으로 위 코드에서 `block_until_ready()`의 역할은 무엇일까요? JAX는 기본적으 로 비동기 실행asynchronous execution 모델을 가지고 있습니다. 다시 말하면 JAX의 몇몇 연산들은 비동기적으로 실행됩니다. 즉 해당 연산이 호출되었을 때 실제 연산이 완료 되기 전에 제어가 즉시 반환됩니다. 이는 연산의 실행을 뒤로 밀어냄으로써, 동시에 여 러 연산을 실행하거나 연산을 병렬로 실행하는 등의 최적화를 가능하게 합니다. 이렇 게 하면 CPU나 GPU를 최대한 활용할 수 있어, 전반적인 프로그램의 성능을 향상시킬 수 있습니다. 다만, 연산이 완료되는 시점을 정확히 알아야 하는 경우에는 문제가 될 수 있습니다. 예를 들어 지금처럼 연산의 실행 시간을 측정하거나 디버깅을 할 때가 그 런 경우입니다.

2.2.3 JIT 컴파일이 안 되는 경우

이렇게 쉽게 가속기에 최적화를 시켜주니 `jax.jit`을 모든 함수에 적용할 수 있으면 좋겠지만, 사실 그것은 불가능합니다. 예시를 보면서 설명하겠습니다.

```python
# x의 값에 따른 조건문

def f(x):
    if x > 0:
        return x
    else:
        return 2 * x

f_jit = jax.jit(f)
f_jit(10)  # 에러 발생
```

입력 `x`의 값에 따라 실행되는 연산이 달라지는 함수입니다. 이 경우 에러가 발생합니다.

```python
# 입력 n이 조건에 포함된 while 반복문

def g(x, n):
    i = 0
    while i < n:
        i += 1
    return x + is

g_jit = jax.jit(g)
g_jit(10, 20)  # 에러 발생
```

이번에도 유사하게 입력 `n`의 값에 의해 연산이 달라집니다. 정확히는 1이 더해지는 연산의 횟수가 달라집니다. 앞의 예제에서 에러가 발생하는 근본적인 원인은, 앞에서 언급했듯 JAX 표현식은 실제 입력으로 들어온 값에 따라 결정되기 때문입니다.

앞의 예시는 입력값에 따라 함수의 연산이 많이 달라지지만, 입력의 차이에 따라 함수의 연산은 조금씩 달라질 수밖에 없습니다. 이 입력의 차이가 어디까지 제한되어 있는지 궁금해집니다. 먼저 `jax.jit`의 경우, 입력의 형태_{shape}가 같다면 컴파일된 함수를 재

사용할 수 있습니다. 이는 머신러닝에서는 일반적인 경우입니다만 앞의 예시처럼 입력에 대한 조건문이 사용된다면 `jax.jit`은 사용할 수 없습니다. 그리고 앞에서 살펴본 `jax.grad`는 함수가 `if`, `for`, `while` 등의 조건문을 내장하고 있다면 사용이 불가능합니다. 다만 `jax.jit`과 달리 입력의 형태가 변경되어도 괜찮습니다.

`jax.lax.cond`를 이용해 이런 조건문들을 사용할 수 있는 방법도 있습니다. 그러나 모든 경우에 가능한 것은 아니니 주의가 필요하고, 이때는 함수의 일부분만 JIT 컴파일 등의 변환을 할 수밖에 없습니다. 예를 들면 앞의 코드에서 반복문의 내부만 JIT 컴파일을 하면 좋을 것입니다.

```python
@jax.jit
def loop_body(prev_i):
    return prev_i + 1

def g_inner_jitted(x, n):
    i = 0
    while i < n:
        i = loop_body(i)
    return x + i

g_inner_jitted(10, 20)
```
```
Array(30, dtype=int32, weak_type=True)
```

또 다른 방법은 `static_argnums`나 `static_argnames`를 `jax.jit`의 인수로 넣는 것입니다. 다만 이 방식은 JAX 표현식이 충분히 추상화되지 못하고 유연성이 떨어지도록 만듭니다. 결과적으로 이렇게 만들어진 JIT 컴파일된 함수는 입력이 달라지면 다시 컴파일을 하게 됩니다. 만약 함수의 입력이 달라지는 일이 거의 없다면 고려해볼 수 있는 방식입니다.

```python
f_jit_correct = jax.jit(f, static_argnums=0)
print(f_jit_correct(10))

g_jit_correct = jax.jit(g, static_argnames=['n'])
print(g_jit_correct(10, 20))
```

```
10
30
```

보통 `jax.jit`은 파이썬의 데커레이터를 사용해 함수를 정의할 때부터 사용합니다. 그리고 이때는 `functools.partial`을 이용해 다음과 같이 `static_argnums`나 `static_argnames`를 입력할 수 있습니다.

```python
from functools import partial

@partial(jax.jit, static_argnames=['n'])
def g_jit_decorated(x, n):
    i = 0
    while i < n:
        i += 1
    return x + i

print(g_jit_decorated(10, 20))
```
```
30
```

앞의 경우 작동하긴 하지만 정말 효율적인지도 점검해보아야 합니다.

```python
print("g jitted:")
%timeit g_jit_correct(10, 20).block_until_ready()

print("g:")
%timeit g(10, 20)
```
```
g jitted: 180 μs ± 24.2 μs per loop (mean ± std. dev. of 7 runs, 10000 loops
each)
g: 1.09 μs ± 396 ns per loop (mean ± std. dev. of 7 runs, 1000000 loops each)
```

오히려 JIT 컴파일한 함수가 100배 이상 느립니다. 이는 `jax.jit`이 그 자체로 많은 시간이 필요한 작업이기 때문입니다. 그러므로 항상 `jax.jit`을 사용하기보다 복잡한 함수를 여러 번 반복 계산해야 할 때 유용할 것입니다. 마치 딥러닝의 학습에서 전체 업데이트 스텝과 같은 경우처럼 말입니다. 할 수만 있다면 더 큰 계산 단위를 JIT 컴파일하는 것이 컴파일러가 더 잘 최적화할 수 있도록 도와주는 방법입니다.

2.2.4 JIT 컴파일과 캐싱

`jax.jit`의 컴파일 과정은 상당한 연산을 필요로 하기 때문에, 한 번 컴파일된 계산 그래프를 재사용하는 것이 효율적입니다. 이를 위해 `jax.jit`은 내부적으로 컴파일된 계산 그래프를 캐싱caching하며, 같은 형태shape와 자료형dtype의 입력이 주어지면 같은 계산 그래프를 재사용합니다.

만약 앞에서처럼 `statc_argnums`를 사용하게 되면 해당하는 인수의 입력값이 정적static으로 라벨링되고 캐싱된 코드는 이 입력값에서만 사용될 것입니다. 그리고 이 값이 변경되면 함수는 재컴파일됩니다. 만약 많은 인수를 정적으로 만들어두고 사용하면 실행할 때마다 매번 컴파일을 해야 할지도 모릅니다.

마지막으로 `jax.jit`을 반복문 안에서 호출하지 않는 것이 좋습니다. 대부분의 경우 컴파일되고 캐싱된 함수를 다른 `jax.jit`의 호출에서도 사용할 수 있습니다. 다만 캐시는 함수의 해시에 의존하기 때문에 같은 함수가 재정의되면 반복문 안에서 불필요한 컴파일이 매번 실행될 수 있습니다. 다음은 이를 설명하는 코드의 예시입니다.

```python
from functools import partial

def unjitted_loop_body(prev_i):
    return prev_i + 1

def g_inner_jitted_partial(x, n):
    i = 0
    while i < n:
        # 이렇게 하지 마세요!
        # 매번 partial이 다른 해시의 함수를 반환합니다.
        i = jax.jit(partial(unjitted_loop_body))(i)
    return x + i

def g_inner_jitted_lambda(x, n):
    i = 0
    while i < n:
        # 이렇게 하지 마세요!
        # lambda 또한 매번 다른 해시의 함수를 반환합니다.
```

```
        i = jax.jit(lambda x: unjitted_loop_body(x))(i)
    return x + i

def g_inner_jitted_normal(x, n):
    i = 0
    while i < n:
        # 이건 괜찮습니다!
        # JAX가 캐싱되고 컴파일된 함수를 다시 찾을 수 있습니다.
        i = jax.jit(unjitted_loop_body)(i)
    return x + i

print("jit called in a loop with partials:")
%timeit g_inner_jitted_partial(10, 20).block_until_ready()

print("jit called in a loop with lambdas:")
%timeit g_inner_jitted_lambda(10, 20).block_until_ready()

print("jit called in a loop with caching:")
%timeit g_inner_jitted_normal(10, 20).block_until_ready()
```

```
jit called in a loop with partials:
756 ms ± 126 ms per loop (mean ± std. dev. of 7 runs, 1 loop each)

jit called in a loop with lambdas:
692 ms ± 6.16 ms per loop (mean ± std. dev. of 7 runs, 1 loop each)

jit called in a loop with caching:
11.9 ms ± 1.05 ms per loop (mean ± std. dev. of 7 runs, 100 loops each)
```

앞의 예제에서 functools.partial과 lambda를 사용한 경우 반복마다 새로운 해시의 함수를 만들어내므로 jax.jit이 다시 컴파일하고 이로 인해 많은 시간을 소비했습니다. 반면에 마지막 함수는 jax.jit을 반복마다 호출했음에도 처음 컴파일된 함수를 캐싱을 통해 재사용하면서 실행 시간을 70배가량 줄일 수 있었습니다. jax.jit을 반복문에서 호출하는 것이 반드시 비효율적인 사용인 것은 아니지만 가급적 피하는 것이 좋습니다.

2.3 자동 벡터화

이번에는 또 다른 JAX 변환인 `jax.vmap`을 통한 **벡터화**vectorization에 대해 배워보려고 합니다. 벡터화는 연산을 한 번에 여러 값에 적용하여 실행 시간을 줄이는 기법을 의미합니다. 일반적으로 이는 CPU나 GPU 같은 하드웨어 가속기에서 병렬처리를 가능하게 합니다.

JAX는 `jax.vmap` 함수를 제공하여 자동 벡터화를 지원합니다. `jax.vmap`은 입력 함수를 가져와 그 함수를 한 번에 여러 입력에 적용하는 새로운 함수를 반환합니다. 이는 주어진 축axis을 따라서 함수의 입력과 출력을 벡터화합니다.

2.3.1 수동으로 벡터화하기

벡터화에 대해 좀 더 이해하려면 직접 벡터화하는 코드를 작성해보는 게 좋습니다. 일반적으로 파이토치나 텐서플로와 같은 딥러닝 프레임워크에서는 배치 단 앞의 연산을 기준으로 코드를 작성합니다. 반면에 JAX에서는 한 샘플에 대한 함수만 작성하고 이를 벡터화하여 배치 단 앞의 연산을 하게 됩니다.

다음은 한 샘플에 대한 합성곱convolution의 예입니다.

```
import jax
import jax.numpy as jnp

x = jnp.arange(5)
w = jnp.array([2., 3., 4.])

def convolve(x, w):
    output = []
    for i in range(1, len(x)-1):
        output.append(jnp.dot(x[i-1:i+2], w))
    return jnp.array(output)

convolve(x, w)
```
```
Array([11., 20., 29.], dtype=float32)
```

여기에 다시 `x`와 `w`를 두 개씩 합쳐서 크기가 2인 배치를 만들어보겠습니다.

```
xs = jnp.stack([x, x])
ws = jnp.stack([w, w])
```

이 배치에 대해 합성곱을 벡터화하는 가장 단순한 방법은 앞에서 정의한 한 샘플에 대한 합성곱 함수 `convolve()`를 샘플별로 계산하는 루프를 만드는 겁니다.

```
def manually_batched_convolve(xs, ws):
    output = []
    for i in range(xs.shape[0]):
        output.append(convolve(xs[i], ws[i]))
    return jnp.stack(output)

manually_batched_convolve(xs, ws)
```
```
Array([[11., 20., 29.],
       [11., 20., 29.]], dtype=float32)
```

결과는 제대로 나왔지만 매우 비효율적인 방법입니다. 좀 더 효율적으로 벡터화를 하려면 앞에서 구현한 `convolve()`를 벡터화된 배치에 맞게 재구현하는 것이 좋습니다. 이 과정에서 각 축이나 인덱스를 어떻게 다룰 것인지에 대해서는 한 샘플에 대한 연산과는 다르게 다시 고민하고 구현해야 합니다. 다음 코드는 그 예입니다.

```
def manually_vectorized_convolve(xs, ws):
    output = []
    for i in range(1, xs.shape[-1] -1):
        output.append(jnp.sum(xs[:, i-1:i+2] * ws, axis=1))
    return jnp.stack(output, axis=1)

manually_vectorized_convolve(xs, ws)
```
```
Array([[11., 20., 29.],
       [11., 20., 29.]], dtype=float32)
```

다행히도 JAX는 이런 귀찮은 과정 없이 자동 벡터화를 제공합니다.

2.3.2 자동으로 벡터화하기

JAX에서 제공하는 `jax.vmap()` 변환을 사용하면 손쉽게 앞의 `convolve()` 함수를 벡터화할 수 있습니다.

```
auto_batch_convolve = jax.vmap(convolve)

auto_batch_convolve(xs, ws)
```
```
Array([[11., 20., 29.],
       [11., 20., 29.]], dtype=float32)
```

이는 `jax.jit`과 유사하게 입력된 함수를 추적하여 배치 차원을 입력의 앞에 추가해서 이루어집니다.

만약 배치 차원을 첫 번째가 아닌 다른 곳에 두고 싶다면 `in_axes`와 `out_axes` 인수를 사용해 입력과 출력에서 어떤 차원을 배치 차원으로 할지 정할 수 있습니다. 기본적으로 각 인수에 정수를 입력해주면 됩니다.

```
auto_batch_convolve_v2 = jax.vmap(convolve, in_axes=1, out_axes=1)

xst = jnp.transpose(xs)
wst = jnp.transpose(ws)

auto_batch_convolve_v2(xst, wst)
```
```
Array([[11., 11.],
       [20., 20.],
       [29., 29.]], dtype=float32)
```

배치의 차원을 바꿔서 `convolve()` 함수를 차원 1에 대해 벡터화했습니다. 만약 벡터화하고 싶은 함수의 입력마다 다른 배치 차원을 할당하고 싶다면 리스트로 줄 수도 있습니다. `convolve()` 함수의 첫 번째 입력인 `x`는 차원 `0`에, 두번째 입력인 `w`는 차원 `1`에 배치 차원을 추가하고 싶으면 `in_axes=[0, 1]`로 입력하면 됩니다.

그런데 여기에서 가중치에 해당하는 `w`를 배치화할 필요가 있을까요? `jax.vmap`은 내가 원하는 인수에 대해서만 배치로 만들 수 있습니다. `in_axes`라는 인수에 `w`에 해당하는 부분은 `None`으로 두고 `x`에 해당하는 부분만 원하는 배치 차원을 입력하면 됩니다.

```
batch_convolve_v3 = jax.vmap(convolve, in_axes=[0, None])

batch_convolve_v3(xs, w)
```
```
Array([[11., 20., 29.],
       [11., 20., 29.]], dtype=float32)
```

`w`를 배치화하지 않고도 같은 결과를 얻을 수 있었습니다.

마지막으로 앞에서 배운 `jax.jit`을 이용하여 `jax.vmap`으로 벡터화된 함수를 또 한 번 변환할 수 있습니다. 마찬가지로 `jax.jit`으로 JIT 컴파일된 함수를 `jax.vmap`으로 벡터화하는 것도 가능합니다. JAX 변환은 함수형 패러다임의 함수 합성처럼 이렇게 조합하여 사용 가능합니다.

```
jitted_batch_convolve = jax.jit(auto_batch_convolve)

jitted_batch_convolve(xs, ws)
```
```
Array([[11., 20., 29.],
       [11., 20., 29.]], dtype=float32)
```

2.4 자동 미분

이 장의 초반에 설명했듯이 JAX는 자동 미분 기능을 내장하고 있습니다. 자동 미분은 연산의 시퀀스(즉 프로그램)가 주어지면, 이 프로그램의 미분(변화율)을 계산하는 일련의 기술을 말합니다. 이것은 머신러닝에서 특히 중요한데, 그 이유는 많은 머신러닝 알고리즘이 최적화 문제를 해결할 때 미분을 필요로 하기 때문입니다.

다만 JAX의 자동 미분은 파이토치의 자동 미분과는 활용 방식에 차이가 있습니다. 파이토치의 `torch.autograd`는 동적 연산 그래프를 사용합니다. 이는 연산을 정의할 때 그래프가 만들어진다는 것을 의미하며, 이로 인해 사용자는 조건부 실행과 같은 복잡한 제어 흐름을 가진 모델을 쉽게 구현할 수 있습니다.

반면에 JAX는 더 '함수적'인 접근 방식을 취하며, 호출 가능한 함수에 자동 미분을 적용하여 새로운 함수를 생성합니다. 이는 함수를 일급 객체로 다루는 접근법으로, 복잡한 계산 그래프를 더 명확하게 추론하고 최적화하는 데 이점이 있습니다.

또한 파이토치와 JAX 모두 후방향 모드reverse-mode 자동 미분을 지원하지만, 전방향 모드forward-mode 자동 미분은 JAX에만 제공됩니다. 이는 JAX가 야코비 벡터곱Jacobian-vector product을 더 효율적으로 계산하도록 만드는 데 도움이 될 수 있습니다.

자동 미분에 대한 더 자세한 설명은 이 책의 범위를 벗어납니다. 그리고 JAX를 이용하는 데 자동 미분에 대한 깊은 이해도 필요 없습니다. 다만 JAX의 함수적 자동 미분 방식이 왜 JAX의 강력한 무기가 되는지, 이어지는 내용을 통해 설명하겠습니다.

2.4.1 고차 도함수

앞에서 이미 보여드렸지만 JAX에서는 한 번 이상의 고차 미분도 쉽게 할 수 있습니다. 미분 가능한 함수의 도함수는 또 미분 가능한 함수이기 때문입니다. `jax.grad()`의 결과 또한 함수이며, `jax.grad()`를 호출할 때마다 이 도함수의 도함수가 쌓이는 것입니다.

여기 간단한 함수 $f(x) = x^3 - 2x^2 + 3x - 4$의 예를 봅시다. 한 번 미분하면 그 도함수는 $f'(x) = 3x^2 - 4x + 3$이 됩니다. 그리고 이 미분을 반복하면 고차 도함수들은 다음과 같습니다.

$$f''(x) = 6x - 4$$

$$f'''(x) = 6$$

$$f^{iv}(x) = 0$$

이를 JAX 코드로 나타내면 다음과 같습니다.

```
import jax

f = lambda x: x**3 - 2*x**2 + 3*x - 4

dfdx = jax.grad(f)
d2fdx = jax.grad(dfdx)
d3fdx = jax.grad(d2fdx)
d4fdx = jax.grad(d3fdx)

print(dfdx(1.))
print(d2fdx(1.))
print(d3fdx(1.))
print(d4fdx(1.))
```
```
2.0
2.0
6.0
0.0
```

위 도함수들은 모두 그 자체로 함수이기 때문에 입력 1에 대한 결과를 반환할 수 있습니다. 이것이 JAX의 함수적 자동 미분을 확인할 수 있는 간단한 예입니다.

다변수의 경우는 좀 더 복잡합니다. 한 다변수 함수의 이계도함수(도함수의 도함수)는 헤세 행렬Hessian Matrix로 표현할 수 있습니다. 함수 f에 대한 헤세 행렬의 i번째 행, j번째 열은 다음과 같이 정의됩니다.

$$(H_f)_{i,j} = \frac{\partial^2 f}{\partial x_i \partial x_j}$$

여기 n차원 정의역과 1차원 치역을 가지는 함수 $f\colon R^n \to R$이 있다고 합시다. f의 그레이디언트는 다음과 같습니다.

$$gradient(f) = \left(\frac{\partial f}{\partial x_1}, \frac{\partial f}{\partial x_2}, ..., \frac{\partial f}{\partial x_n} \right)$$

그레이디언트의 결과는 n차원의 벡터이니 f의 그레이디언트는 n차원의 치역을 가지는 함수인 셈입니다. 그리고 이 함수의 야코비 행렬Jacobian Matrix은 $n \times n$ 크기의 행렬이자 원래 함수 f의 헤세 행렬이 됩니다. 바로 이 헤세 행렬을 JAX로 구해보기 위해 이렇게 설명이 길었습니다. 이제 다음 코드를 보시죠.

```
import jax
import jax.numpy as jnp

def hessian(f):
    return jax.jacfwd(jax.grad(f))

def f(x):
    return jnp.dot(x, x)

hessian(f)(jnp.array([1., 2., 3.]))
```

```
Array([[2., 0., 0.],
       [0., 2., 0.],
       [0., 0., 2.]], dtype=float32)
```

여기서 우리는 점곱dot product을 이용해 n차원 입력 1차원 출력의 함수를 만들고, 이 함수의 헤세 행렬을 구해보았습니다. 이 결과가 의심이 간다면 직접 손으로 풀어보길 추천합니다. 여기서 `hessian()` 정의에 사용된 `jax.jacfwd()`는 전방향 모드 자동 미분을 이용한 야코비 함수입니다. 또한 후방향 모드 자동 미분을 이용한 야코비 함수 `jax.jacrev()`도 있습니다. 그리고 사실 이 두 함수를 조합하면 헤세 행렬을 더 쉽게 구할 수 있습니다.

조금 더 설명하자면, 자동 미분을 구하는 방식에는 후방향 미분을 먼저 계산한 후 전방향 미분을 계산하는 forward-over-reverse 방식과 그 반대인 reverse-over-forward 방식이 있습니다. 각각 `jax.jacfwd(jax.jacrev(f))`와 `jax.jacrev(jax.jacfwd(f))`로 쉽게 구현할 수 있는데, 전자는 입력이 고차원일 때 유리하고 후자는 출력이 고차원일 때 유리합니다. 딥러닝은 보통 입력이 더 고차원인 경우가 많으니 전자가 유리합니다.

이렇게 JAX에서는 고차 도함수를 쉽게 구현할 수 있기 때문에 이를 이용하여 MAML model-agnostic meta-learning과 같은 기울기 기반의 메타 학습meta-learning을 다른 프레임워크보다 간단히 구현할 수 있습니다.

MAML에 대해 간단히 설명하면, 인공 신경망이 그레이디언트를 계산하고 가중치를 업데이트할 때 여러 태스크에 대한 손실 함수의 그레이디언트를 각각 구하고, 이를 이용해 여러 태스크를 동시에 잘 처리할 수 있는 메타 손실 함수와 메타 그레이디언트를 구해 가중치를 업데이트하는 방식입니다. 다음은 공식 문서의 예제입니다.

```
def meta_loss_fn(params, data):
    """SGD 한 스텝 후의 손실 계산"""
    grads = jax.grad(loss_fn)(params, data)
    return loss_fn(params - lr * grads, data)

meta_grads = jax.grad(meta_loss_fn)(params, data)
```

여기서 `loss_fn()`은 다른 곳에 구현된 손실 함수라고 가정합니다. 또한 인공 신경망의 가중치가 `params`라는 변수명으로 함수에 직접 입력됩니다. 뒤에서 더 자세히 살펴보겠지만 이는 JAX가 함수형 패러다임을 따라야 하는 이유에서 기인한 일종의 컨벤션으로 이해하면 됩니다.

2.4.2 그레이디언트 중지

앞에서 배운 자동 미분을 이용하면 역전파 알고리즘을 통한 인공 신경망 학습을 쉽게 할 수 있습니다. 그러나 머신러닝 방법에 따라서 일부 계산 그래프의 그레이디언트 역전파를 막고 싶을 수 있습니다. 강화학습의 **TD 학습**temporal difference learning이 대표적인 예입니다. 여기서 JAX의 그레이디언트 중지stop gradient 기능을 활용할 수 있습니다.

간략하게 설명하겠지만 강화학습이나 TD 학습에 대해 잘 몰라도 JAX의 그레이디언트 중지 기능을 이해하는 데 문제가 없으니 걱정하지 않아도 됩니다. 강화학습에서는 TD 학습, 혹은 TD(0) 업데이트라고 불리는 간단한 알고리즘이 있습니다.

강화학습은 이론적으로 현재 상태에서 종료 상태까지 도달했을 때의 누적된 보상을 최대화하도록 에이전트를 학습시킵니다. 에이전트가 한 상태에서 다른 상태로 옮겨가는 행동을 할 때마다 얻거나 잃는 보상이 있다면 어떤 상태가 좋은 상태인지 또한 예측할 수 있을 것입니다. 이를 그 상태의 가치라고 부릅니다. 그러나 이 에이전트가 현재 상태의 가치를 알려고 종료 상태까지 도달해봐야 한다면 학습이 꽤나 비효율적일 것 같습니다.

반면 TD(0)는 현재 상태에서 얻은 보상과 TD 에러라고 부르는 현재 상태의 가치와 이전 상태의 가치 간의 차이를 마치 기울기처럼 이용해 이전 상태의 가치 평가 함수를 업데이트합니다.

여기 예제에서는 간단한 선형 모델로 이 가치 평가 함수를 설계합니다.

```
# 가치 평가 함수 및 초기 가중치
value_fn = lambda theta, state: jnp.dot(theta, state)
theta = jnp.array([0.1, -0.1, 0.])
```

다음 코드와 같이 이전 상태 s_{t-1}에서 현재 상태 s_t로 이동하면서 보상 r_t를 얻었다고 가정하겠습니다.

```
# 상태 전이와 보상의 예
s_tm1 = jnp.array([1., 2., -1.])
r_t = jnp.array(1.)
s_t = jnp.array([2., 1., 0.])
```

TD(0) 업데이트는 앞에서 설명한 바와 같이 새로 얻은 보상과 TD 에러를 사용하여 다음과 같이 정의할 수 있습니다.

$$\Delta\theta = (r_t + v_\theta(s_t) - v_\theta(s_{t-1}))gradient(v_\theta(s_{t-1}))$$

그런데 위 업데이트는 손실 함수 없이 가치 함수의 그레이디언트만을 사용한다는 것을 알 수 있습니다. 그래서 다음처럼 의사pseudo 손실 함수를 만들면 마치 손실 함수의 그레이디언트를 구하는 것과 같은 효과를 낼 수 있습니다.

$$L(\theta) = [r_t + v_\theta(s_t) - v_\theta(s_{t-1})]^2$$

다음 코드로 이를 구현했습니다.

```
def td_loss(theta, s_tm1, r_t, s_t):
    v_tm1 = value_fn(theta, s_tm1)
    target = r_t + value_fn(theta, s_t)
    return (target - v_tm1) ** 2

td_update = jax.grad(td_loss)
delta_theta = td_update(theta, s_tm1, r_t, s_t)

delta_theta
```
```
Array([ 2.4, -2.4,  2.4], dtype=float32)
```

위 결과는 우리가 의도한 대로 계산된 것일까요? 아닙니다. 여기서 우리가 업데이트해
야 하는 이전 상태의 가치 함수는 $v_\theta(s_{t-1})$입니다. 문제는 이 가치 함수의 타깃인 $r_t +$
$v_\theta(s_t)$가 $v_\theta(s_{t-1})$와 마찬가지로 가중치 θ에 의해 정의된다는 것입니다.

이를 해결하기 위해 `jax.lax.stop_gradient()`를 사용해 타깃과 가중치 θ에 대한 그
레이디언트 계산을 막을 수 있습니다.

```
def td_loss_with_stop_gradient(theta, s_tm1, r_t, s_t):
    v_tm1 = value_fn(theta, s_tm1)
    target = r_t + value_fn(theta, s_t)
    return (jax.lax.stop_gradient(target) - v_tm1) ** 2

td_update = jax.grad(td_loss_with_stop_gradient)
delta_theta = td_update(theta, s_tm1, r_t, s_t)

delta_theta
```
```
Array([-2.4, -4.8, 2.4], dtype=float32)
```

TD 학습 외에도 `jax.lax.stop_gradient()`를 이용하면 다른 기술을 쉽게 구현할 수 있

습니다. 예를 들면 뉴럴 네트워크를 학습할 때 여러 손실 함수를 사용하고, 각 손실 함수마다 다른 뉴럴 네트워크 영역을 학습시킬 때 사용한다거나 하는 식으로 말입니다.

또 한 가지 예는 STE_{straight-through estimator}를 사용하는 경우입니다. STE는 머신러닝 모델을 구성하는 모듈 중에 미분 불가능한 함수가 포함되어 있을 때 이 함수의 그레이디언트를 정의하는 트릭입니다. 다음은 반올림 함수의 예입니다.

```python
def f(x):
    return jnp.round(x) # 미분 불가능

def straight_through_f(x):
    # f(x)와 결과는 같지만 미분은 1이 나오도록 함
    zero = x - jax.lax.stop_gradient(x)
    return zero + jax.lax.stop_gradient(f(x))

print("f(x): ", f(3.2))
print("straight_through_f(x):", straight_through_f(3.2))

print("grad(f)(x):", jax.grad(f)(3.2))
print("grad(straight_through_f)(x):", jax.grad(straight_through_f)(3.2))
```

```
f(x): 3.0
straight_through_f(x): 3.0
grad(f)(x): 0.0
grad(straight_through_f)(x): 1.0
```

함수 `straight_through_f()`를 보면 먼저 입력 x와 `jax.lax.stop_gradient(x)`를 빼서 `0`을 만들고 다시 여기에 `jax.lax.stop_gradient(f(x))`를 더해서 `f(x)`의 결과와 같은 값을 출력하게 했습니다. 다만 그레이디언트는 실질적으로 zero = x의 그레이디언트만 계산되므로 1이 됩니다.

2.4.3 샘플당 그레이디언트

JAX는 파이토치나 텐서플로에서는 구현하기 힘든 샘플당_{per-example} 그레이디언트도 쉽게 구현할 수 있습니다. 사실 대부분의 머신러닝은 데이터의 배치 단위로 학습이 이루어집니다. 효율적으로 계산할 수도 있고 분산 감소 효과를 통해 학습을 더 안정적으로 만들 수도 있기 때문입니다. 따라서 파이토치나 텐서플로 같은 딥러닝 프레임워크도 배치 단 앞의 그레이디언트 계산에 초점이 맞춰져 있습니다.

그러나 JAX처럼 샘플당 그레이디언트 계산이 필요할 때도 있습니다. 예를 들어 데이터별로 그레이디언트 크기에 따른 학습 우선순위를 정하거나 샘플별로 클리핑clipping이나 정규화normalization를 할 때 필요할 수도 있습니다.

먼저 앞에서 정의한 TD 학습에서 손실 함수의 기울기를 구해보겠습니다. `jax.grad`를 `td_loss`에 적용해주면 됩니다.

```
dtdloss_dtheta = jax.grad(td_loss_with_stop_gradient)

dtdloss_dtheta(theta, s_tm1, r_t, s_t)
```
```
Array([-2.4, -4.8, 2.4], dtype=float32)
```

이 코드는 앞에서 정의했던 하나의 샘플에 대한 결과입니다.

이제 `jax.vmap`을 이용해서 배치 차원에 대한 벡터화를 해보겠습니다. 이렇게 하면 배치 단위 입력에 대해 배치 단위 출력을 하게 됩니다. 이 배치 단위 출력의 각각의 멤버들은 대응하는 입력 배치의 멤버에 대한 그레이디언트가 됩니다.

```
almost_perex_grads = jax.vmap(dtdloss_dtheta)

batched_s_tm1 = jnp.stack([s_tm1, s_tm1])
batched_r_t = jnp.stack([r_t, r_t])
batched_s_t = jnp.stack([s_t, s_t])

batched_theta = jnp.stack([theta, theta])
almost_perex_grads(batched_theta, batched_s_tm1, batched_r_t, batched_s_t)
```
```
Array([[-2.4, -4.8, 2.4],
       [-2.4, -4.8, 2.4]], dtype=float32)
```

이렇게 하면 출력의 각 열마다 샘플별 그레이디언트를 출력할 수 있게 됩니다. 그런데 여기서 한 가지 개선해야 할 부분이 있습니다. 바로 가중치 `theta` 또한 배치화한 부분입니다. 가중치를 배치화하지 않고 하나의 `theta`를 사용하려면 `jax.vmap`에서 인수 `in_axes`를 잘 정의해주면 됩니다. `theta`에 해당하는 부분은 `None`으로 하고 나머진 `0`으로 하면 됩니다.

```
inefficient_perex_grads = jax.vmap(dtdloss_dtheta, in_axes=(None, 0, 0, 0))

inefficient_perex_grads(theta, batched_s_tm1, batched_r_t, batched_s_t)
```
```
Array([[-2.4, -4.8, 2.4],
       [-2.4, -4.8, 2.4]], dtype=float32)
```

배치화하지 않은 `theta`만 사용했는데도 같은 결과를 얻게 되었습니다. 이제 더 빠른 계산을 위해서 `jax.jit`을 사용해보겠습니다.

```
perex_grads = jax.jit(inefficient_perex_grads)

perex_grads(theta, batched_s_tm1, batched_r_t, batched_s_t)
```
```
Array([[-2.4, -4.8, 2.4],
       [-2.4, -4.8, 2.4]], dtype=float32)
```

얼마나 빨라졌는지 속도 계산까지 하고 마무리하겠습니다.

```
%timeit inefficient_perex_grads(theta, batched_s_tm1, batched_r_t, batched_s_t).block_until_ready()

%timeit perex_grads(theta, batched_s_tm1, batched_r_t, batched_s_t).block_until_ready()
```
```
6.25 ms ± 385 µs per loop (mean ± std. dev. of 7 runs, 100 loops each)
5.53 µs ± 1.84 µs per loop (mean ± std. dev. of 7 runs, 100000 loops each)
```

거의 1,000배 정도 빨라진 것을 확인할 수 있습니다.

2.5 JAX의 난수

의사 난수 생성pseudo random number generation, PRNG은 적절한 분포에서 추출된 난수 시퀀스의 속성과 근사한 속성을 가지는 숫자 시퀀스를 알고리즘적으로 생성하는 프로세스입니다. PRNG 시퀀스는 일반적으로 시드seed라고 하는 초깃값에 의해 결정되기 때문에 완전한 난수는 아닙니다. 난수 추출의 각 단계는 샘플에서 다음으로 전달되는 상태state의 결정론적 함수deterministic function입니다.

의사 난수 생성은 모든 머신러닝이나 과학적인 컴퓨팅 프레임워크의 필수 구성 요소입니다. 데이터 분할, 모델의 초기화와 같이 모델에 많은 영향을 미칠 수 있는 부분이기에 중요하지만 가볍게 지나치는 부분입니다. JAX는 많은 부분에서 NumPy와 호환되기 위해 노력하지만 의사 난수 생성은 예외입니다. 이 절에서는 NumPy에서의 난수와 JAX에서의 난수를 비교하면서 JAX의 작동 원리와 기본 지향점에 대해 알아봅니다.

2.5.1 NumPy의 난수

NumPy의 의사 난수 생성기는 전역 상태를 기반으로 하며, `numpy.random` 모듈에 의해 기본적으로 지원됩니다. 의사 난수 생성기는 `random.seed(SEED)`를 사용하여 결정론적 초기 조건deterministic initial condition을 설정할 수 있습니다.

```
import numpy as np
np.random.seed(0)
```

다음 코드를 사용하여 상태의 내용을 출력할 수 있습니다.

```
def print_truncated_random_state():
    """출력에 문제 생기지 않게 상태의 일부만 보여줍니다."""
    full_random_state = np.random.get_state()
    print(str(full_random_state)[:460], '...')

print_truncated_random_state()
```

```
('MT19937', array([         0,          1, 1812433255, 1900727105, 1208447044,
       2481403966, 4042607538,  337614300, 3232553940, 1018809052,
       3202401494, 1775180719, 3192392114,  594215549,  184016991,
        829906058,  610491522, 3879932251, 3139825610,  297902587,
       4075895579, 2943625357, 3530655617, 1423771745, 2135928312,
       2891506774, 1066338622,  135451537,  933040465, 2759011858,
       2273819758, 3545703099, 2516396728,  127 ...
```

상태는 호출할 때마다 랜덤 함수로 업데이트됩니다.

```
np.random.seed(0)
print_truncated_random_state()
```

```
('MT19937', array([         0,          1, 1812433255, 1900727105, 1208447044,
       2481403966, 4042607538,  337614300, 3232553940, 1018809052,
       3202401494, 1775180719, 3192392114,  594215549,  184016991,
        829906058,  610491522, 3879932251, 3139825610,  297902587,
       4075895579, 2943625357, 3530655617, 1423771745, 2135928312,
       2891506774, 1066338622,  135451537,  933040465, 2759011858,
       2273819758, 3545703099, 2516396728,  127 ...
```

```
_ = np.random.uniform()
print_truncated_random_state()
```

```
('MT19937', array([2443250962, 1093594115, 1878467924, 2709361018, 1101979660,
       3904844661,  676747479, 2085143622, 1056793272, 3812477442,
       2168787041,  275552121, 2696932952, 3432054210, 1657102335,
       3518946594,  962584079, 1051271004, 3806145045, 1414436097,
       2032348584, 1661738718, 1116708477, 2562755208, 3176189976,
        696824676, 2399811678, 3992505346,  569184356, 2626558620,
        136797809, 4273176064,  296167901,  343 ...
```

NumPy를 사용하면 한 번의 함수 호출로 개별 숫자 또는 숫자의 전체 벡터를 샘플링할 수 있습니다. 예를 들어 다음과 같이 균일분포uniform distribution에서 3개의 스칼라 벡터를 추출할 수 있습니다.

```
np.random.seed(0)
print(np.random.uniform(size=3))
```
```
[0.5488135  0.71518937 0.60276338]
```

NumPy는 순차적 등가 보장sequential equivalent guarantee을 제공합니다. 이는 *N*개의 숫자를 개별적으로 샘플링하거나 *N*개의 벡터를 샘플링하면 동일한 의사 난수 시퀀스pseudo random sequence가 생성된다는 것을 의미합니다.

```
np.random.seed(0)
print("individually:", np.stack([np.random.uniform() for _ in range(3)]))

np.random.seed(0)
print("all at once: ", np.random.uniform(size=3))
```
```
individually: [0.5488135  0.71518937 0.60276338]
all at once:  [0.5488135  0.71518937 0.60276338]
```

하지만 이 방식에서는 병렬화가 불가능합니다. 다음의 예를 통해 이 방식의 한계를 확인해볼 수 있습니다.

```
import numpy as np

np.random.seed(0)

def bar(): return np.random.uniform()
def baz(): return np.random.uniform()

def foo(): return bar() + 2 * baz()

print(foo())
```
```
1.9791922366721637
```

함수 `foo`는 균일분포에서 샘플링된 두 개의 스칼라를 합산합니다. 여기서 `bar()`와 `baz()`의 경우, 하나의 `seed`를 통해 순차적으로 실행되기 때문에 완벽한 병렬화가 불가능합니다.

이런 문제를 해결하기 위해 NumPy 1.17 버전부터 제너레이터generator를 사용하여 RandomState 방식을 대체하고 있습니다(1.16 버전을 마지막으로 이전 방식은 업데이트를 멈췄습니다). 다음과 같은 예를 통해 두 방식을 비교해봅시다.

```
# 새로운 버전
from numpy.random import default_rng
rng = default_rng(seed=0)
vals = rng.standard_normal(10)
more_vals = rng.standard_normal(10)

# 이전 버전
from numpy import random
vals = random.standard_normal(10)
more_vals = random.standard_normal(10)
```

defualt_rng()에 seed를 입력하면 제너레이터를 반환합니다. 이렇게 반환된 제너레이터는 기존의 random을 통해 난수를 생성하던 것과 마찬가지로 다양한 확률 분포에서 추출한 난수를 생성하는 여러 가지 방법을 제공합니다. 그렇다면 여러 개의 제너레이터를 생성하여 병렬적으로 관리하려면 어떻게 해야 할까요? 이 문제는 NumPy에서 제공하는 SeedSequence를 활용하여 해결할 수 있습니다.

```
from numpy.random import SeedSequence, default_rng
ss = SeedSequence(12345)

child_seeds = ss.spawn(10)
streams = [default_rng(s) for s in child_seeds]
print(streams)
```

```
[Generator(PCG64) at 0x7FFA9A906EA0,
 Generator(PCG64) at 0x7FFA9A906DC0,
 Generator(PCG64) at 0x7FFA9A906F80,
 Generator(PCG64) at 0x7FFA9A906CE0,
 Generator(PCG64) at 0x7FFA9A907140,
 Generator(PCG64) at 0x7FFA9A907060,
 Generator(PCG64) at 0x7FFA9A9074C0,
 Generator(PCG64) at 0x7FFA9A907A00,
 Generator(PCG64) at 0x7FFA9A907300,
```

```
Generator(PCG64) at 0x7FFA9A9073E0]
```

SeedSequence를 생성한 후 spawn()을 통해 10개의 seed를 만들어주었습니다. 이후 stream이라는 리스트에 생성된 seed를 default_rng()를 이용하여 제너레이터로 만들어 담았습니다. SeedSequence와 spawn()을 사용하여 seed를 직접 입력하지 않고도 독립적인 제너레이터를 뽑아낼 수 있습니다.

이제 제너레이터 방식을 통해 앞에서 봤던 foo 예시를 병렬적으로 처리해봅시다.

```python
import numpy as np
from numpy.random import SeedSequence, default_rng
ss = SeedSequence(12345)
seeds = ss.spawn(2)
stream = [default_rng(s) for s in seeds]

def bar(): return stream[0].uniform()
def baz(): return stream[1].uniform()

def foo(): return bar() + 2 * baz()

print(foo())
```
```
1.6241496684412051
```

SeedSequence를 사용하여 객체를 만들고, spawn()으로 원하는 만큼의 seed를 생성했습니다. bar()와 baz()에서 각기 다른 제너레이터를 사용함으로써 완벽한 병렬화를 진행했습니다.

2.5.2 JAX의 난수

JAX의 난수 생성은 NumPy와는 아주 크게 다릅니다. NumPy의 의사 난수 생성기는 설계 자체가 JAX에서 원하는 여러 속성을 동시에 보장하는 것이 어렵습니다. 구체적으로 JAX 코드에서 필요로 하는 속성들은 다음과 같습니다.

1. 재현 가능_{reproducible}
2. 병렬화 가능_{parallelizable}
3. 벡터로 변환 가능_{vectorisable}

JAX에서는 이러한 속성을 만족하기 위해 전역 상태를 사용하지 않습니다. 대신 랜덤 함수는 키_{key}라고 하는 상태를 명시적으로 사용합니다.

```
from jax import random
key = random.PRNGKey(42)
print(key)
```

```
[ 0 42]
```

`key`는 `(2,)`의 단순한 배열입니다.

'랜덤 키'는 본질적으로 '랜덤 시드'의 또 다른 단어입니다. 그러나 NumPy처럼 한 번만 설정하는 것이 아니라, JAX에서는 어떤 랜덤 함수를 호출하든 `key`가 지정되어야 합니다. 랜덤 함수는 `key`를 사용하지만 수정하지는 않습니다. 랜덤 함수에 동일한 `key`를 입력하면 항상 동일한 샘플이 생성됩니다.

```
print(random.normal(key))
print(random.normal(key))
```

```
-0.18471177
-0.18471177
```

참고

동일한 `key`를 다른 랜덤 함수에 제공하면 상관관계가 있는 출력이 생성될 수 있으며, 일반적으로 이는 바람직하지 않습니다. 동일한 출력을 원하는 것이 아니라면 `key`를 재사용하지 않아야 합니다. 서로 다른 독립적인 샘플을 생성하려면 랜덤 함수를 호출할 때마다 스스로 `key`를 `split()` 해야 합니다.

```
print("old key", key)
new_key, subkey = random.split(key)
del key  # 오래된 키는 지워버리며 나중에라도 사용하지 않습니다.
normal_sample = random.normal(subkey)
print(r"    \---SPLIT --> new key   ", new_key)
print(r"            \--> new subkey", subkey, "--> normal", normal_sample)

del subkey    # 서브키도 사용 후에 제거해야 합니다.
key = new_key # 만약에 이 키를 다시 생성해야 한다면 new_key가 키로 사용됩니다.
```
```
old key [ 0 42]
    \---SPLIT --> new key    [2465931498 3679230171]
            \--> new subkey [255383827 267815257] --> normal 1.3694694
```

split()은 하나의 key를 여러 개의 독립적인(의사 난수성 의미에서) key로 변환하는 결정론적 함수입니다. 출력 중 하나를 new_key로 유지하고 고유한 추가 key(subkey라고 함)를 랜덤 함수의 입력으로 안전하게 사용한 다음, 영원히 폐기할 수 있습니다.

정규분포에서 다른 샘플을 얻으려면 key를 다시 분할해야 합니다. 중요한 점은 동일한 PRNGKey를 두 번 사용하지 않는다는 것입니다. split()은 key를 인수로 받기 때문에 분할할 때는 이전 key를 버려야 합니다.

split(key) 출력의 어느 부분을 key라고 하고, 어느 부분을 subkey라고 하는지는 중요하지 않습니다. 그것들은 모두 동일한 상태를 가진 유사 난수입니다. key/subkey 규칙을 사용하는 이유는 이 규칙이 향후 어떻게 사용되는지를 추적하기 위해서입니다. subkey는 랜덤 기능에 의해 즉시 사용되는 반면, key는 나중에 더 많은 무작위성 randomness을 생성하기 위해 유지됩니다.

일반적으로 앞의 예제는 다음과 같이 간결하게 작성하곤 합니다.

```
key, subkey = random.split(key)
```

NumPy와 JAX의 랜덤 모듈 간의 또 다른 차이점은 순차 동등성 보장과 관련이 있습니다.

NumPy와 마찬가지로 JAX의 랜덤 모듈은 숫자 벡터 샘플링이 가능합니다. 그러나 JAX는 벡터화를 위한 SIMD 하드웨어에서의 병렬화와 충돌하기 때문에 순차 동등성 보장을 제공하지 않습니다.

다음의 예시에서, 정규분포에서 세 개의 subkey를 사용하여 개별적으로 3개의 값을 추출하면, 하나의 key를 제공하고 shape=(3,)을 지정하는 것과 다른 결과가 나옵니다.

```
key = random.PRNGKey(42)
subkeys = random.split(key, 3)
sequence = np.stack([random.normal(subkey) for subkey in subkeys])
print("individually:", sequence)

key = random.PRNGKey(42)
print("all at once: ", random.normal(key, shape=(3,)))
```

```
individually: [-0.04838832  0.10796154 -1.2226542 ]
all at once:  [ 0.18693547 -1.2806505  -1.5593132 ]
```

앞에서 권장했던 것과 달리 두 번째 예에서는 random.normal()에 대한 입력으로 key를 직접 사용했습니다. 이것은 다른 곳에서 이 key를 재사용하지 않을 것이기 때문입니다.

2.6 pytree 사용하기

데이터를 다루다 보면 배열의 딕셔너리, 딕셔너리 리스트로 이루어진 리스트, 또는 다른 중첩 구조의 객체와 작업하고자 하는 경우가 있습니다. JAX에서는 이러한 것들을 **pytree(파이트리)**라고 부르지만 가끔은 '네스트$_{nest}$' 또는 '트리$_{tree}$'라고 부르기도 합니다.

JAX는 라이브러리 함수뿐만 아니라 jax.tree_utils(대부분 jax.tree_*로 사용 가능)의 함수를 사용하여 이러한 객체에 대한 지원 기능이 내장되어 있습니다. 이번 절에서는 이 기능들의 사용 방법과 도움이 될 만한 스니핏 및 흔히 저지르는 실수에 대해 알아봅시다.

2.6.1 pytree의 정의

JAX 문서에서 pytree의 정의는 다음과 같습니다.[1]

> pytree란 리프~leaf~ 요소 및/또는 여러 개의 pytree로 구성된 컨테이너입니다. 컨테이너에는 리스트, 튜플, 딕셔너리가 포함됩니다. 리프 요소는 pytree가 아닌 모든 것 (예를 들면 배열)입니다. 즉 pytree는 중첩될 가능성이 있는 표준 또는 사용자 등록 파이썬 컨테이너일 뿐입니다. 중첩된 경우, 컨테이너 유형이 일치할 필요는 없습니다. 단일 '리프', 즉 컨테이너가 아닌 객체 역시 pytree로 간주됩니다.

JAX에서는 컨테이너 같은 파이썬 객체로 구성된 트리 구조(또는 이와 비슷한 구조)를 가리킬 때 pytree라는 용어를 사용합니다. 클래스는 기본적으로 리스트, 튜플, 딕셔너리를 포함하는 pytree 레지스트리에 있으면 컨테이너와 유사한 것으로 간주됩니다. 즉 다음과 같습니다.

- pytree 컨테이너 레지스트리에 유형이 없는 모든 물체는 리프 pytree로 간주됩니다.
- pytree 컨테이너 레지스트리에 형식이 있고 pytree를 포함하는 개체는 pytree로 간주됩니다.

pytree 컨테이너 레지스트리의 각 항목에 대해 컨테이너 유사 유형은 컨테이너 유형의 인스턴스를 (하위 항목~children~, 메타데이터) 쌍으로 변환하는 방법과 이러한 쌍을 컨테이너 유형의 인스턴스로 다시 변환하는 방법을 지정하는 함수 쌍에 등록합니다. 이러한 기능을 사용하여 JAX는 등록된 컨테이너 개체의 트리를 튜플로 표준화할 수 있습니다.

이렇게 설명해도 아직 pytree가 무엇인지 이해하기 어려울 수 있습니다. pytree가 무엇인지 이해하기 위해 간단한 예제를 살펴봅시다.

```
import jax
import jax.numpy as jnp
```

---

1   https://jax.readthedocs.io/en/latest/pytrees.html

```python
example_trees = [
    [1, 'a', object()],
    (1, (2, 3), ()),
    [1, {'k1': 2, 'k2': (3, 4)}, 5],
    {'a': 2, 'b': (2, 3)},
    jnp.array([1, 2, 3]),
]

for pytree in example_trees:
    leaves = jax.tree_util.tree_leaves(pytree)
    print(f"{repr(pytree):<45} has {len(leaves)} leaves: {leaves}")
```

```
[1, 'a', <object object at 0x7f8c0dceee30>]   has 3 leaves: [1, 'a', <object
object at 0x7f8c0dceee30>]
(1, (2, 3), ())                               has 3 leaves: [1, 2, 3]
[1, {'k1': 2, 'k2': (3, 4)}, 5]               has 5 leaves: [1, 2, 3, 4, 5]
{'a': 2, 'b': (2, 3)}                         has 3 leaves: [2, 2, 3]
Array([1, 2, 3], dtype=int32)                 has 1 leaves: [Array([1, 2, 3],
dtype=int32)]
```

jax.tree_util.tree_leaves를 통해 다소 복잡한 구조의 데이터 example_trees를 평평하게 만들고, 트리 구조 속의 잎의 개수를 파악했습니다.

그렇다면 언제 pytree를 사용할까요? JAX를 사용하는 머신러닝에서 pytree가 사용되는 부분은 다음과 같습니다.

- 모델 매개변수 처리
- 데이터셋 항목(딕셔너리 리스트로 이루어진 리스트)

이번 절에서는 이 두 가지 모두를 집중적으로 다뤄보려 합니다.

2.6.2 pytree 함수 사용법

가장 일반적으로 사용되는 pytree 함수는 jax.tree_util.tree_map입니다. 이것은 파이썬의 기본 map과 유사하며 pytree 전체에 다음과 같이 작동합니다.

```
list_of_lists = [
    [1, 2, 3],
    [1, 2],
    [1, 2, 3, 4]
]

jax.tree_util.tree_map(lambda x: x*2, list_of_lists)
```
```
[[2, 4, 6], [2, 4], [2, 4, 6, 8]]
```

`jax.tree_util.tree_map`을 통해 `list_of_list`의 모든 요소에 값을 매핑했습니다.
`jax.tree_util.tree_map`에 여러 인수를 넣어도 작동합니다.

```
another_list_of_lists = list_of_lists
jax.tree_util.tree_map(lambda x, y: x+y, list_of_lists, another_list_of_lists)
```
```
[[2, 4, 6], [2, 4], [2, 4, 6, 8]]
```

`jax.tree_util.tree_map`을 여러 인수와 사용할 때는 입력 인수 간 구조가 정확히 일치
해야 합니다. 즉 리스트는 동일한 수의 요소가 있어야 하고 딕셔너리는 동일한 키가 있어
야 합니다.

간단한 다층 퍼셉트론multi-layer perceptron, MLP 학습 예제를 통해 신경망에서의 pytree
사용법에 대해 살펴봅시다.

```
import jax.numpy as jnp
from jax import random


def init_mlp_params(layer_widths, key):
    params = []
    for n_in, n_out in zip(layer_widths[:-1], layer_widths[1:]):
        params.append(
            dict(weights=random.normal(key, shape=(n_in, n_out)) * jnp.sqrt(2/n_
in), biases=jnp.ones(shape=(n_out,))
            )
        )
```

```
    return params
key = random.PRNGKey(42)
params = init_mlp_params([1, 128, 128, 1], key)
```

다층 퍼셉트론 모델을 초기화하기 위해 `init_mlp_params` 함수를 정의했습니다. 레이어의 크기를 입력으로 받아 딕셔너리 형태의 초기화된 가중치와 편향을 생성합니다. 생성된 딕셔너리 형태의 매개변수를 리스트 형태의 `params`에 넣은 후 `params`를 반환합니다.

`params`를 직접 출력해보면 알겠지만 `params`가 어떤 형태인지, 어떻게 생긴 건지 파악하기 어렵습니다. 이럴 때 pytree를 사용하면 간단하게 원하는 값을 얻을 수 있습니다. `jax.tree_util.tree_map`을 사용하여 매개변수의 크기가 예상과 같은지 확인할 수 있습니다.

```
jax.tree_util.tree_map(lambda x: x.shape, params)

[{'biases': (128,), 'weights': (1, 128)},
 {'biases': (128,), 'weights': (128, 128)},
 {'biases': (1,), 'weights': (128, 1)}]
```

출력된 결과를 통해 초기화에서 넣어준 [1, 128, 128, 1]의 값이 잘 들어간 것을 확인할 수 있습니다.

이제 다층 퍼셉트론을 정의해봅시다.

```
def forward(params, x):
    *hidden, last = params
    for layer in hidden:
        x = jax.nn.relu(x @ layer['weights'] + layer['biases'])
    return x @ last['weights'] + last['biases']

def loss_fn(params, x, y):
    return jnp.mean((forward(params, x) - y) ** 2)
```

```
LEARNING_RATE = 0.0001

@jax.jit
def update(params, x, y):
    grads = jax.grad(loss_fn)(params, x, y)
    return jax.tree_util.tree_map(
        lambda p, g: p - LEARNING_RATE * g, params, grads
    )
```

forward 함수에서 각 레이어 사이에 활성화 함수activation function인 relu를 넣어 모델을 만들어줍니다. 만들어진 모델을 사용하여 손실 함수인 loss_fn 함수를 정의해줍니다.

모델 매개변수 업데이트가 이뤄지는 update 함수를 보면 반환 부분에 jax.tree_util. tree_map을 사용하는 것을 볼 수 있습니다. loss_fn을 통해 계산된 기울기를 사용하여 매개변수 params를 업데이트하고 있습니다. 원래대로라면 복잡한 구조로 되어 있는 매개변수를 일일이 계산해줘야 합니다. JAX에서 이러한 불편함을 해소하기 위해 pytree 함수들을 제공합니다.

이제 다층 퍼셉트론 모델을 학습시켜봅시다. 그래프를 통해 모델을 확인해보면 학습이 잘 이루어지는 것을 볼 수 있습니다.

```
import matplotlib.pyplot as plt

key, subkey = random.split(key)
xs = jax.random.normal(subkey, shape=(128, 1))
ys = xs ** 2

for _ in range(1000):
    params = update(params, xs, ys)

plt.scatter(xs, ys)
plt.scatter(xs, forward(params, xs), label='Model prediction')
plt.legend()
```

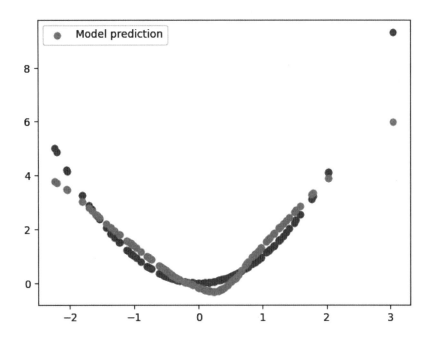

2.7 JAX에서의 병렬처리

이번 절에서는 여러 디바이스에서 동시에 병렬로 계산하기 위한 방법에 대해 설명합니다. JAX에는 병렬화 계산을 실행할 수 있는 몇 가지 방법이 있습니다. 이 책에서는 가장 간단하고 기본적인 아이디어인 **pmap**(`jax.pmap`)에 대해서만 살펴보겠습니다.

`jax.pmap`은 SPMD~single-program, multiple-data~ 병렬처리를 사용합니다. SPMD는 병렬 프로그램을 수행하는 모든 프로세스나 스레드가 동일한 하나의 프로그램(JAX)을 실행하면서 프로그램 내의 함수가 서로 다른 데이터(배치의 다른 입력)를 계산하는 형태를 말합니다. 이를 통해 여러 GPU 혹은 TPU에서도 간단하게 병렬화한 계산을 실행할 수 있습니다.

이번 실습은 코랩의 TPU 환경에서 진행하겠습니다. TPU 환경 설정은 5장에서 확인할 수 있습니다.

jax.pmap은 이름에서 알 수 있듯이 병렬 매핑parallel mapping을 수행하기 위해 JAX에서 제공하는 함수입니다. pmap을 사용하여 함수를 병렬 매핑할 때 내부적으로는 다음 3가지 과정을 수행하게 됩니다.

- 입력 데이터 분할
- 병렬 실행
- 결과 수집

병렬처리를 수행하기 위해서는 먼저 입력 데이터를 분할해야 합니다. 예를 들어 100개의 요소를 가진 배열의 경우 4개의 디바이스에 고르게 분할하기 위해서는 데이터를 25개의 요소로 분할해야 합니다. 이후 각각의 작업은 디바이스에 할당되어 병렬로 실행되며, 독립적으로 실행한 결과를 병합하여 최종 결과를 생성합니다.

TPU 설정이 완료되었다면 2.3절에서 다루었던 합성곱 예제로 돌아가봅시다.

```python
import numpy as np
import jax.numpy as jnp

x = np.arange(5)
w = np.array([2., 3., 4.])

def convolve(x, w):
    output = []
    for i in range(1, len(x)-1):
        output.append(jnp.dot(x[i-1:i+2], w))
    return jnp.array(output)

convolve(x, w)
```
```
Array([11., 20., 29.], dtype=float32)
```

이제 convolve 함수를 데이터의 전체 배치에서 실행되도록 변환해보겠습니다. 여러 디바이스에 배치를 분산시킬 것을 대비하여 배치 크기를 디바이스의 수와 동일하게 만들어봅니다.

```
n_devices = jax.local_device_count()
xs = np.arange(5 * n_devices).reshape(-1, 5)
ws = np.stack([w] * n_devices)

xs
ws
```

```
array([[ 0,  1,  2,  3,  4],
       [ 5,  6,  7,  8,  9],
       [10, 11, 12, 13, 14],
       [15, 16, 17, 18, 19],
       [20, 21, 22, 23, 24],
       [25, 26, 27, 28, 29],
       [30, 31, 32, 33, 34],
       [35, 36, 37, 38, 39]])

array([[2., 3., 4.],
       [2., 3., 4.],
       [2., 3., 4.],
       [2., 3., 4.],
       [2., 3., 4.],
       [2., 3., 4.],
       [2., 3., 4.],
       [2., 3., 4.]])
```

JAX에서 제공하는 `local_devices_count()`를 통해 디바이스의 개수를 얻어 데이터를 변환할 수 있습니다. 변환된 데이터를 이전과 마찬가지로 `jax.vmap`을 사용하여 벡터화할 수 있습니다.

```
jax.vmap(convolve)(xs, ws)
```

```
Array([[ 11.,  20.,  29.],
       [ 56.,  65.,  74.],
       [101., 110., 119.],
       [146., 155., 164.],
       [191., 200., 209.],
       [236., 245., 254.],
```

```
      [281., 290., 299.],
      [326., 335., 344.]], dtype=float32)
```

이제 jax.pmap을 사용하여 여러 디바이스에 계산을 분산해봅니다. jax.pmap의 사용법은 jax.vmap과 동일합니다.

```
jax.pmap(convolve)(xs, ws)
```
```
Array([[ 11.,  20.,  29.],
      [ 56.,  65.,  74.],
      [101., 110., 119.],
      [146., 155., 164.],
      [191., 200., 209.],
      [236., 245., 254.],
      [281., 290., 299.],
      [326., 335., 344.]], dtype=float32)
```

jax.pmap으로 병렬화된 convolve 함수는 jax.vmap에서 반환하는 함수와 같은 결과물을 확인할 수 있지만 반환되는 과정이 다릅니다. jax.vmap의 경우 단순히 함수를 벡터화하여 계산했지만 병렬처리에서는 입력 데이터를 병렬적으로 처리하기 위해 분할하는 과정이 필요합니다.

이 분할하는 과정을 **샤딩**sharding이라고 합니다. 여러 대의 데이터베이스에 데이터를 작은 단위로 나누는 기법입니다. 즉 jax.pmap을 사용한다는 것은 병렬처리에 사용되는 모든 디바이스에 배열의 요소들이 분산됨을 의미합니다.

분산된 데이터를 병렬적으로 계산하게 되고, 계산된 값을 다시 하나로 모으면 jax.pmap은 jax.vmap과 동일하게 작동하게 됩니다. jax.pmap과 jax.vmap의 계산 속도를 측정해보면 jax.pmap을 이용한 병렬처리가 확실히 빠르다는 것을 알 수 있습니다.

```
import time

start = time.time()
jax.vmap(convolve)(xs, ws)
```

```
print(f"vmap : {time.time()-start:.4f} sec")

start = time.time()
jax.pmap(convolve)(xs, ws)
print(f"pmap : {time.time()-start:.4f} sec")
```
```
vmap : 0.0151 sec
pmap : 0.0022 sec
```

`jax.pmap`은 `jax.vmap`과 사용법이 유사하지만, 완전히 동일하지는 않습니다. 예를 들어 `jax.pmap`은 현재 버전에서는 `in_axes` 인수만 지원합니다.

2.8 상태를 유지하는 연산

JAX는 함수형 프로그래밍 코드 스타일을 장려합니다. 이는 함수의 출력이 오직 입력에만 의존하며, 함수 내부의 어떤 **상태**state에도 의존하지 않는다는 것을 의미합니다. 이러한 코드 스타일은 자동 미분과 XLA 컴파일을 더욱 잘 작동하게 합니다.

그러나 신경망 모델을 학습하려면 가중치 업데이트와 같이 상태를 업데이트해야 하는 상황이 발생합니다. 이러한 경우를 위해 JAX는 상태를 유지하는stateful 연산을 수행하는 방법을 제공하며, 이를 통해 변수 상태를 추적하고 관리할 수 있습니다.

이번 절에서는 JAX에서 모델 매개변수, 옵티마이저 등의 상태를 어떻게 관리하고 업데이트하는지에 관해 다룹니다.

2.8.1 상태에 대한 이해

JAX가 수행하는 몇몇 변환은 컴파일을 위해 함수형 프로그래밍 코드 스타일로 작성해야 합니다. 1장에서 설명했듯이 함수형 프로그래밍에서는 부수 효과가 없어야 합니다. 하지만 상태를 변경하는 것은 부수 효과에 해당합니다. 부수 효과를 허용하지 않고, 어떻게 모델의 매개변수를 업데이트할 수 있을까요? 이를 해결하기 위해 JAX에서는 필요에 따라 직접 상태를 관리하고 업데이트해야 합니다.

JAX로 넘어가기 전에 상태가 무엇인지부터 알아봅니다. 상태란 특정 시점에 가지고 있는 값들을 의미합니다. 예를 들어 클래스의 객체는 메서드뿐만 아니라 속성값을 통해 상태를 가질 수 있습니다. 다음의 예를 통해 좀 더 자세히 살펴봅니다.

```python
import jax
import jax.numpy as jnp


class Counter:
    """간단한 카운터"""

    def __init__(self):
        self.n = 0

    def count(self) -> int:
        """카운터 함수로 값을 1 추가하고 새로운 값으로 출력합니다."""
        self.n += 1
        return self.n

    def reset(self):
        """0으로 리셋합니다."""
        self.n = 0


counter = Counter()

for _ in range(3):
    print(counter.count())
```

```
1
2
3
```

n 속성은 count 메서드를 연속적으로 호출할 때 Counter 객체의 상태를 유지합니다. n 속성은 count 함수의 부수 효과로 값이 수정되고 있습니다. 이때 count 메서드를 더 빠르게 사용하기 위해 jax.jit으로 count 메서드를 변환한다고 해봅시다(이 예제에서는 실제로 속도가 빨라지진 않지만 JIT 컴파일을 수행하며 매개변수를 업데이트해야 하는 간단한 모델을 상상해봅시다).

```
counter.reset()
fast_count = jax.jit(counter.count)

for _ in range(3):
    print(fast_count())
```

```
1
1
1
```

Counter가 제대로 작동하지 않는 걸 볼 수 있습니다. 왜 그런 걸까요? JIT 컴파일을 사용하면 count 메서드를 처음 컴파일할 때 한 번만 실행되며 이후에 호출할 때는 실행되지 않습니다. count의 반환값은 입력값에 의존하지 않고 내부의 변숫값을 변경하게 됩니다. 이에 따라 self.n=0인 값은 처음 컴파일할 때의 상태를 유지하게 되며, count를 호출할 때마다 1을 더해 1이라는 값을 반환하게 됩니다. 이건 우리가 원하는 값과는 거리가 멉니다. 그렇다면 어떻게 고쳐야 할까요?

위 Counter에서 문제가 되는 부분은 count 메서드가 반환하는 값이 입력에 의존하지 않기 때문에, 컴파일 과정에서 반환값이 상수로 고정된다는 점입니다. 반환값은 상수가 아니라 상태에 따라 바뀌어야 합니다. 아래의 예시처럼 상태를 메서드 인수로 사용해봅니다.

```
from typing import Tuple

CounterState = int

class CounterV2:
    def count(self, n: CounterState) -> Tuple[int, CounterState]:
        return n+1, n+1

    def reset(self) -> CounterState:
        return 0

counter = CounterV2()
state = counter.reset()
```

```
for _ in range(3):
    value, state = counter.count(state)
    print(value)
```
```
1
2
3
```

새로운 버전의 `CounterV2`에서는 `n`을 `count` 메서드의 인수로 옮겼습니다. 그리고 반환 값으로 새로운 업데이트된 상태를 같이 반환하도록 변경했습니다. 이러한 방식으로 관리하게 되면 반환값은 인수에 의존하게 되어 상수에 의존하는 문제에서 반환값이 벗어날 수 있게 됩니다.

이 카운터를 사용하기 위해서는, 이제 상태를 클래스 외부에서 명시적으로 관리해줘야 합니다. 코드가 더 까다로워졌지만 그 대가로 다음과 같이 `jax.jit`을 적용할 수 있게 됐습니다.

```
state = counter.reset()
fast_count = jax.jit(counter.count)

for _ in range(3):
    value, state = fast_count(state)
    print(value)
```
```
1
2
3
```

2.8.2 모델에 적용하기

이렇게 상태를 외부에서 유지하는 연산을 선형회귀와 경사 하강법으로 학습하는 머신 러닝 모델에 적용해봅니다. 머신러닝에서의 상태란 다음과 같은 것을 의미합니다.

• 모델 매개변수
• 옵티마이저의 상태

- 자체적으로 상태를 가지고 있는 레이어(예: 배치 정규화 레이어)

이번 절에서는 이 중에서 모델 매개변수만 다뤄보려고 합니다.

앞서 봤던 것처럼 상태를 유지하는 연산과 JIT 컴파일을 함께 사용하기 위해서는 외부에서 상태를 관리해줘야 합니다. 이는 외부에서 상태를 정의하고 인수로 받아 다시 반환해줘야 한다는 것을 의미합니다. 먼저 상태를 정의해봅시다.

```python
from typing import NamedTuple

class Params(NamedTuple):
    weight: jnp.ndarray
    bias: jnp.ndarray

def init(rng) -> Params:
    """초기화된 모델 매개변수가 결과로 나옵니다."""
    weights_key, bias_key = jax.random.split(rng)
    weight = jax.random.normal(weights_key, ())
    bias = jax.random.normal(bias_key, ())
    return Params(weight, bias)
```

Params라는 클래스에 모델의 매개변수로 사용할 가중치와 편향을 정의했습니다. 초기화 함수인 init 함수를 살펴보면 Param 형태의 값을 반환합니다. 해당 함수는 인수에 Param을 받지 않고 반환값에만 영향을 주는데, 함수형 프로그래밍 스타일에서 이렇게 사용해도 괜찮은 걸까요? 괜찮습니다. 그 이유는 init은 처음 한 번만 실행하고 추후 다시 호출될 일이 없으며, JIT 컴파일되지 않기 때문입니다.

다음으로 손실 함수를 정의하고 모델을 업데이트해주는 코드를 작성해봅시다.

```python
def loss(params: Params, x: jnp.ndarray, y: jnp.ndarray) -> jnp.ndarray:
    """y에 대한 x의 모델에서 최소의 평균제곱오차를 계산합니다."""
    pred = params.weight * x + params.bias
    return jnp.mean((pred - y) ** 2)

LEARNING_RATE = 0.005
```

```
@jax.jit
def update(params: Params, x: jnp.ndarray, y: jnp.ndarray) -> Params:
    """주어진 데이터를 사용해서 매개변수에 SGD 업데이트를 한 번 진행합니다."""
    grad = jax.grad(loss)(params, x, y)

    new_params = jax.tree_util.tree_map(
        lambda param, g: param - g * LEARNING_RATE, params, grad)

    return new_params
```

update 메서드에서 Params를 인수로 받고, 손실 함수로 정의한 loss 메서드의 인수로
사용하여 손실을 계산합니다. 이렇게 얻은 기울기를 통해 Params를 업데이트하고 그 값
을 반환해줍니다. 결국 JIT 컴파일하게 될 update 메서드를 보면 Params를 인수로 받
아 Params를 반환해주며 상태를 유지할 수 있게 됩니다. 다음의 그림을 보면 외부의 상
태를 부수 효과 없이 관리하는 방법에 대해 쉽게 이해할 수 있습니다. 그림에서 색깔이
있는 점선은 상태(즉, Params)를 나타내며, 업데이트(변경)되기 전의 초기 상태를 뜻합니
다. 색깔이 없는 점선은 이 상태가 업데이트되어 변화를 겪는 과정 및 그 결과를 나타
냅니다.

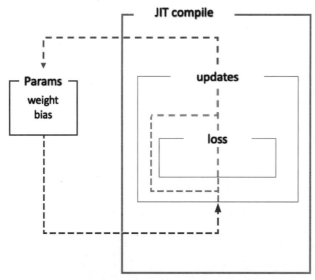

JAX 모델 학습 및 매개변수 업데이트 과정

이제 만든 모델을 간단하게 학습해봅시다.

```python
import matplotlib.pyplot as plt

rng = jax.random.PRNGKey(42)

# y=w*x+ b + 노이즈로부터 데이터를 생성합니다.
true_w, true_b = 2, -1
x_rng, noise_rng = jax.random.split(rng)
xs = jax.random.normal(x_rng, (128, 1))
noise = jax.random.normal(noise_rng, (128, 1)) * 0.5
ys = xs * true_w + true_b + noise

params = init(rng)
for _ in range(1000):
    params = update(params, xs, ys)

plt.scatter(xs, ys)
plt.plot(xs, params.weight * xs + params.bias, c='red', label='Model Prediction')
plt.legend()
```

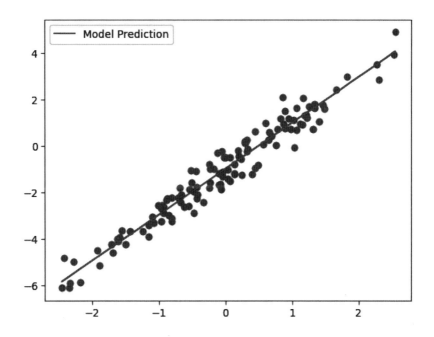

랜덤한 값을 생성하여 학습 데이터로 사용했습니다. `for` 루프를 통해, 1000번의 에폭 epoch만큼 학습했습니다. 제일 처음 에폭에서는 초기화된 `Params` 변수인 `params`가 입력으로 사용되며 `jax.jit`을 통해 `update` 메서드가 컴파일됩니다. 이후 `update` 함수에서 반환되는 값(업데이트된 `Params` 값)으로 `params`가 업데이트되면 다음 루프에서 `update` 메서드의 인수로 들어가는 과정이 반복됩니다.

모델의 매개변수를 그래프로 확인해보면 잘 학습된 것을 볼 수 있습니다.

이번 절에서는 JIT 컴파일이 가능한 JAX에서 모델의 상태를 어떻게 다루는지 알아봤습니다. 예시로 가중치와 편향만을 상태로 사용했습니다. 하지만 실제 머신러닝 모델을 사용하려면 더 많은 상태를 관리해야 합니다. 이를 앞의 예제처럼 수동으로 관리하기에는 매우 불편할 것입니다. 이러한 문제를 해결하기 위해 JAX를 사용하는 Flax와 Haiku 같은 라이브러리들이 존재합니다. 이 중 Flax에 대해 다음 장에서부터 자세히 살펴보겠습니다.

Flax는 JAX를 사용하는 딥러닝 연구자를 위해 개발된 고성능 신경망 라이브러리이자 에코 시스템입니다. 구글 리서치 브레인 팀이 JAX 팀과 긴밀히 협력하여 개발한 것으로, 현재는 오픈소스 커뮤니티와 공동으로 개발하고 있습니다.

우리는 너무나도 유명한 딥러닝 프레임워크인 텐서플로와 파이토치를 알고 있습니다. 그리고 이들의 쉽고 간결한 사용을 위해 케라스Keras API(텐서플로)와 `nn.Module` API(파이토치)가 개발되었습니다. Flax 역시 이와 같은 이유로 탄생한 것으로, JAX 프레임워크의 쉽고 간결한 활용을 돕고 있습니다.

Flax는 JAX의 모든 기능을 제공하며, 느슨하게 결합된 라이브러리로 구성되어 있습니다. 또한 엔드투엔드end-to-end로 유연한 사용자 경험을 지향합니다. Flax는 크게 다음과 같은 4가지 특징이 있습니다.

• 안정성: Flax는 정확성과 안정성을 위해 설계되었습니다. 변경 불가능한immutable 모듈과 함수형 API를 활용하여 JAX에서 상태를 처리할 때 발생하는 버그를 완화합니다.

• 제어 기능: Flax는 대부분의 신경망 프레임워크보다 더 세분화된 제어 기능과 표현력을 제공합니다. Flax의 변수 컬렉션, RNG 컬렉션, 가변성mutability 조건을 통해 세밀한 제어가 가능합니다. 더 많은 선택권이 때로는 사용자를 어렵게 할 수도 있습니다.

그러나 Flax는 약간의 복잡성을 대가로 강력한 자유도를 제공합니다.

- 함수형 API: Flax의 함수형 API는 vmap, scan 등과 같은 리프팅된 변환lifted transformation을 통해 모듈이 할 수 있는 일을 근본적으로 재정의합니다. '리프팅된 변환'은 JAX에서 사용되는 변환을 모듈에서 사용하도록 확장한 것을 의미합니다. 이때 모듈은 상태가 존재하며 PRNG 시퀀스가 있는 것을 말합니다. Flax는 또한 Optax, Chex와 같은 다른 JAX 라이브러리와의 원활한 통합을 가능하게 합니다.
- 코드 간결성: Flax의 compact 모듈은 하위 모듈을 호출 위치에서 직접 정의할 수 있게 합니다. 따라서 읽기 쉽고 반복을 피할 수 있는 코드를 작성하게 됩니다.

Flax는 파이썬 pip를 사용해 쉽게 설치할 수 있습니다.

```
!pip install flax
```

최신 버전의 Flax를 사용하기 위해서는 다음과 같이 깃허브 버전을 설치할 수도 있습니다.

```
!pip install --upgrade git+https://github.com/google/flax.git
```

Flax는 기본적으로 다음과 같은 구조를 가집니다(임포트 부분은 생략했습니다). nn.compact 데커레이터를 사용해 모델을 간결하게 정의한 것이 눈에 띕니다.

```
class MLP(nn.Module):                    # Flax 모듈 생성
    out_dims: int

    @nn.compact
    def __call__(self, x):
        x = x.reshape((x.shape[0], -1))
        x = nn.Dense(128)(x)
        x = nn.relu(x)
        x = nn.Dense(self.out_dims)(x)
        return x
```

```
model = MLP(out_dims=10)              # 모델 인스턴스 생성

x = jnp.empty((4, 28, 28, 1))         # 랜덤 데이터 생성
variables = model.init(PRNGKey(42), x)  # 가중치 초기화
y = model.apply(variables, x)         # 순방향 전파 수행
```

아직까지는 Flax에 대해 충분히 이해하기 어려울 수 있습니다. 이제부터 여러 튜토리얼 실습을 진행하며 Flax의 특징을 직접 경험해보도록 하겠습니다.

3.1 Flax CNN 튜토리얼

이번 절에서는 더욱 깊은 이해를 위해 Flax의 튜토리얼을 진행합니다. Flax는 JAX 프레임워크 앞에서 작동하는 라이브러리로, JAX의 기능을 쉽게 사용할 수 있도록 도와줍니다. Flax를 통해 확장 가능한 딥러닝 모델을 편리하게 구현할 수 있으며, 기존에 학습된 모델을 불러와 활용할 수도 있습니다.

이번 튜토리얼에서는 Flax의 Linen API를 통해 간단한 **합성곱 신경망**convolutional neural network, CNN을 구축하고, MNIST 데이터셋에 대해 이미지 분류 태스크를 학습시키겠습니다. Flax Linen API는 Flax의 고수준 API 중 하나로, 간단하고 직관적인 인터페이스로 딥러닝 모델을 구성할 수 있도록 도와줍니다.

3.1.1 패키지 로드하기

우선 기본적인 JAX, Flax, Optax 패키지를 로드합니다. Optax는 JAX 기반의 최적화 라이브러리로 SGDstochastic gradient descent, Adam과 같은 익히 알려진 최적화 함수를 제공하며, 현재 JAX/Flax 기반 모델 개발 시 필수적인 패키지입니다.

```
import jax
import flax
import optax

print("JAX Version : {}".format(jax.__version__))
```

```
print("FLAX Version : {}".format(flax.__version__))
print("OPTAX Version : {}".format(optax.__version__))
```

```
JAX Version : 0.4.26
FLAX Version : 0.8.4
OPTAX Version : 0.2.2
```

3.1.2 데이터 로드하기

Flax는 모든 데이터 로딩 파이프라인을 사용할 수 있지만, 이 예제에서는 허깅 페이스 데이터셋을 활용합니다. 만약 허깅 페이스 데이터셋이 설치되어 있지 않다면 pip install datasets 코드를 실행하여 패키지를 설치해야 합니다. datasets 패키지를 통해 MNIST 데이터셋을 로드합니다. 그리고 with_format 메서드를 활용하여 JAX에 적합한 데이터셋 포맷을 지정합니다.

이때 로드된 데이터셋을 학습 셋과 테스트 셋으로 분리한 후 정규화합니다. 정규화를 통해 모든 픽셀의 값이 0과 1 사이의 값을 갖게 되며, 오차 함수의 수렴이 빠르고 안정적으로 이루어지게 됩니다.

```
import jax.numpy as jnp
from datasets import load_dataset

def get_datasets():
    datasets = load_dataset("mnist")
    datasets = datasets.with_format("jax")
    datasets = {
        "train": {
            "image": datasets["train"]["image"][...,None].astype(jnp.
float32)/255,
            "label": datasets["train"]["label"],
        },
        "test": {
            "image": datasets["test"]["image"][...,None].astype(jnp.float32)/255,
            "label": datasets["test"]["label"],
        },
    }
    return datasets['train'], datasets['test']
```

앞에서 정의한 함수를 통해 데이터셋을 로드합니다.

```
train_ds, test_ds = get_datasets()
```

3.1.3 모델 정의와 초기화

Linen API에서 nn.Module을 상속받아 CNN을 생성합니다. 이 CNN은 2개의 합성곱 레이어와 1개의 완전연결 레이어(Dense)로 이루어진 단순한 구조입니다.

Flax에서는 모델을 정의하기 위해 setup과 compact라는 두 가지 방식을 사용합니다. 이 두 가지 방식은 Flax 내에서 완전히 동일한 방식으로 작동하며 기능적으로 유효합니다. 다만 가독성과 일부 형식상 차이가 있으니 이 점을 고려하여 사용해야 합니다.

setup 방식에 대해 먼저 설명하겠습니다. 해당 방식은 setup 메서드 내에 속성이나 서브 모듈을 할당한 후, __call__ 메서드에 정의되는 순전파forward pass 메서드에서 해당 서브 모듈이나 속성을 사용합니다. 이런 방식은 파이토치의 모델 정의 방식과 유사하므로, 파이토치로 개발한 모델을 변환하기가 쉽습니다. 또한 순전파 메서드를 2개 이상 정의해야 할 경우에는 setup 방식으로만 정의가 가능하다는 장점이 있습니다.

```python
from flax import linen as nn

class CNN(nn.Module):
    num_classes: int

    def setup(self):
        self.conv1 = nn.Conv(features=16, kernel_size=(5, 5), strides=(2, 2),
padding='VALID')
        self.conv2 = nn.Conv(features=16, kernel_size=(5, 5), strides=(2, 2),
padding='VALID')
        self.dense1 = nn.Dense(features=self.num_classes)

    def __call__(self, x,):
        x = self.conv1(x)
        x = nn.relu(x)
        x = self.conv2(x)
```

```
        x = nn.relu(x)
        x = jnp.mean(x, axis=(1, 2))
        x = self.dense1(x)
        return x
```

compact 방식은 상대적으로 간결합니다. __call__ 메서드 내에서 직접 하위 모듈을 정의하고 @nn.compact 데커레이터로 래핑하는 방식으로 모델을 정의합니다. 이는 케라스의 Functional API를 활용한 모델 정의 방식과 유사하며, setup과 비교할 때 모델 속성과 순전파 정의 과정이 한 단계로 압축되므로 코드를 더 간결하게 작성할 수 있습니다. 또한 특정 layer가 어떻게 정의되었는지 확인하기 위해 위아래로 스크롤을 반복하는 횟수가 줄어들게 되며, 하위 모듈이나 변수를 조건문이나 반복문으로 정의할 때 발생하는 코드 중복을 줄입니다. 다만 한 모델 내에서 2가지 이상의 순전파 메서드를 정의할 수 없게 됩니다.

아래부터는 간결한 코드 사용을 위해 compact 방식으로 모델을 정의하겠습니다.

각 레이어의 features 인수는 출력 차원 수를 의미하며, kernel_size와 strides는 각각 커널의 사이즈와 커널의 이동거리 수를 의미합니다. padding이 VALID로 세팅된 것은 추가 패딩이 없음을 의미합니다.

```
from flax import linen as nn
class CNN(nn.Module):
    num_classes: int

    @nn.compact
    def __call__(self, x,):
        x = nn.Conv(features=16, kernel_size=(5, 5), strides=(2, 2),
padding='VALID')(x)
        x = nn.relu(x)
        x = nn.Conv(features=32, kernel_size=(5, 5), strides=(2, 2),
padding='VALID')(x)
        x = nn.relu(x)
        x = jnp.mean(x, axis=(1, 2))
        x = nn.Dense(features=self.num_classes)(x)
        return x
```

이제 앞에서 정의한 CNN 모델을 생성하고 초기화합니다. 이때 RNG 키가 필요하므로, rng를 먼저 정의해줍니다. 앞 절에서 설명했듯 JAX의 모든 랜덤 인스턴스 생성에는 RNG 키 값이 필요하며, 이는 계속 스플릿split되어 재사용됩니다.

초기화를 위해서는 더미 변수도 필요합니다. 입력 데이터와 차원이 동일하며 1로 구성된 배열(jnp.ones())을 생성합니다. 그리고 이를 더미변수로 입력합니다. 초기화된 매개변수는 params로 정의하여 상태를 추적하고 관리합니다(이후 언급될 TrainState를 통해 추적되고 관리됩니다).

```
rng = jax.random.PRNGKey(0)
model = CNN(num_classes=10)
rng, key = jax.random.split(rng)
variables = model.init(key, jnp.ones((1, 28, 28, 1)))
params = variables['params']
```

정의된 모델 인스턴스의 Module.tabulate 메서드를 사용하면 모델 레이어를 시각화하여 확인할 수 있습니다. 다음과 같이 RNG 키와 더미 입력을 전달하면 됩니다.

```
print(model.tabulate(key, jnp.ones((1, 28, 28, 1))))
```

			CNN Summary	
path	module	inputs	outputs	params
	CNN	float32[1,28,28,1]	float32[1,10]	
Conv_0	Conv	float32[1,28,28,1]	float32[1,12,12,16]	bias: float32[16] kernel: float32[5,5,1,16] 416 (1.7 KB)
Conv_1	Conv	float32[1,12,12,16]	float32[1,4,4,32]	bias: float32[32] kernel: float32[5,5,16,32] 12,832 (51.3 KB)

Dense_0	Dense	float32[1,32]	float32[1,10]	bias: float32[10] kernel: float32[32,10]
				330 (1.3 KB)
			Total	13,578 (54.3 KB)

3.1.4 메트릭 정의하기

손실 및 정확도 메트릭(지표)metric 계산을 위한 별도의 `compute_metrics` 함수를 정의합니다. 해당 함수를 통해 학습/평가 단계마다 메트릭이 계산됩니다. 이때 메트릭과 손실은 예측된 `logit` 값과 참값인 `label`을 입력으로 받아 출력됩니다.

우선 `optax.softmax_cross_entropy` 함수를 사용하여 손실값을 계산합니다. 이 손실 값이 바로 학습을 통해 최적화해야 하는 값입니다. 이때 `logit`과 원-핫one-hot 인코딩된 참 `label`이 사용됩니다. 메트릭 역시 `logit`과 `label`을 비교하여 계산됩니다. 이 태스크에서 메트릭은 정확도accuracy입니다.

```
def compute_metrics(logits, labels):
    loss = jnp.mean(optax.softmax_cross_entropy(logits, jax.nn.one_hot(labels,
num_classes=10)))
    accuracy = jnp.mean(jnp.argmax(logits, -1) == labels)
    metrics = {
        'loss': loss,
        'accuracy': accuracy
    }
    return metrics
```

3.1.5 TrainState 초기화

현재까지 파이토치나 텐서플로와의 큰 차이를 느끼지 못했을 것입니다. 실제로 모델을 구성하는 부분까지는 프레임워크 간의 큰 차이가 있다고 보기 어렵습니다. 다만 이후 학습과 평가 루프를 구성하는 부분에서 Flax에는 **TrainState**라는 차별화된 구성이 존재합니다.

`TrainState`는 Flax에서 매우 중요한 개념으로, 학습에 필요한 여러 요소를 캡슐화하여 관리하는 상태를 말합니다. 이때 포함되는 정보에는 모델 매개변수, 옵티마이저 등이 있습니다.

따라서 `TrainState`에 정의하고 관리해야 할 옵티마이저를 정의해야 합니다(모델 매개변수(`params`)는 모델을 초기화하면서 이미 정의되었습니다). 학습률을 정의하고 Optax에서 Adam 옵티마이저를 불러와 초기화합니다. 이 옵티마이저는 `TrainState`를 통해 추적되고 관리됩니다.

Flax는 일반적인 모델 학습 사례에서 사용 가능한 `TrainState` 클래스를 제공합니다. `TrainState`의 `create` 메서드에 모델의 순전파 함수(`model.apply`), 매개변수, 옵티마이저를 전달하여 `TrainState`를 생성합니다. 해당 인스턴스를 통해 학습 상태를 추적하고 관리할 수 있습니다.

```python
from flax.training.train_state import TrainState

learning_rate = 0.001
tx = optax.adam(learning_rate=learning_rate)
state = TrainState.create(
    apply_fn=model.apply,
    params=params,
    tx=tx,
)
```

3.1.6 훈련 스텝과 평가 스텝 정의하기

이제 모델을 학습하고 평가하는 각 `step`을 함수로 정의합니다. 해당 함수의 기능은 다음과 같습니다.

1. `loss_fn`을 정의하고 `logit`을 출력합니다. 이때 `logit`은 이미지 배치를 순전파시킨 출력입니다(이때 사용되는 순전파 함수는 사전에 `TrainState`에 입력된 것과 동일합니다).

2. `loss_fn` 내에서 손실을 계산합니다. 미리 정의된 `optax.softmax_cross_entropy()`를 사용하여 크로스 엔트로피 손실을 출력합니다. 이때 레이블은 원-핫 인코딩으로 변환된 것을 사용합니다.

3. `jax.value_and_grad`으로 `loss_fn`을 래핑하고, 매개변수를 입력합니다. 즉 손실 함수의 기울기를 평가하고 예측 `logit`을 출력합니다.

4. `apply_gradients`로 `state`의 모델 매개변수를 업데이트합니다.

5. 출력한 `logit` 값과 사전에 정의한 `compute_metrics` 함수를 사용해 메트릭을 계산합니다.

이때 JAX의 `@jit` 데커레이터를 사용하여 전체 `train_step` 함수를 추적하고 JIT 컴파일합니다. 컴파일러로는 하드웨어 가속기(GPU, TPU 등)에서 더 빠르고 효율적으로 작동하는 XLA가 사용됩니다. 해당 컴파일러를 통해 두 번째 에폭부터 모델 학습이 가속화됩니다.

```
@jax.jit
def train_step(state, batch):
    def loss_fn(params):
        logits = state.apply_fn({'params': params}, batch['image'])
        loss = jnp.mean(optax.softmax_cross_entropy(
            logits=logits,
            labels=jax.nn.one_hot(batch['label'], num_classes=10))
        )
        return loss, logits

    grad_fn = jax.value_and_grad(loss_fn, has_aux=True)
    (_, logits), grads = grad_fn(state.params)
    state = state.apply_gradients(grads=grads)
    metrics = compute_metrics(logits, batch['label'])
    return state, metrics
```

`eval_step`은 `train_step`에서 기울기를 평가하고 업데이트하는 부분이 사라지고, 메트릭만 계산하도록 구성합니다.

```
@jax.jit
def eval_step(state, batch):
    logits = state.apply_fn({'params': state.params}, batch['image'])
    return compute_metrics(logits, batch['label'])
```

3.1.7 모델 학습하기

앞에서 정의한 `train_step`을 각 배치마다 수행하는 `train_loop`를 정의합니다. 이때 학습 데이터셋은 `jax.random.permutation`으로 셔플됩니다. `train_step`을 통해 배치마다 기울기가 업데이트되며 이때 메트릭도 계산됩니다. 계산된 메트릭은 매번 에폭마다 평균값이 계산되어 출력됩니다.

```
def train_loop(state, train_ds, batch_size, epoch, rng):
    train_ds_size = len(train_ds['image'])
    steps_per_epoch = train_ds_size // batch_size

    perms = jax.random.permutation(rng, train_ds_size)
    perms = perms[:steps_per_epoch * batch_size]  # 완성되지 않은 배치는 생략합니다.
    perms = perms.reshape((steps_per_epoch, batch_size))

    batch_metrics = []
    for perm in perms:
        batch = {k: v[perm, ...] for k, v in train_ds.items()}
        state, metrics = train_step(state, batch)
        batch_metrics.append(metrics)

    training_batch_metrics = jax.device_get(batch_metrics)
    training_epoch_metrics = {
        k: sum([metrics[k] for metrics in training_batch_metrics])/steps_per_epoch
        for k in training_batch_metrics[0]
    }

    print('EPOCH: %d\nTraining loss: %.4f, accuracy: %.2f' % (epoch, training_epoch_
metrics['loss'], training_epoch_metrics['accuracy'] * 100))
    return state
```

eval_loop는 학습 데이터셋 대신 테스트 데이터셋을 사용하며, 이때 셔플은 사용하지 않습니다. 또한 train_step 대신 eval_step을 사용하는데, 이때 state는 업데이트되지 않습니다.

```python
def eval_loop(state, test_ds, batch_size):
    eval_ds_size = test_ds['image'].shape[0]
    steps_per_epoch = eval_ds_size // batch_size

    batch_metrics = []
    for i in range(steps_per_epoch):
        batch = {k: v[i*batch_size:(i+1)*batch_size, ...] for k, v in test_
ds.items()}
        metrics = eval_step(state, batch)
        batch_metrics.append(metrics)

    eval_batch_metrics = jax.device_get(batch_metrics)
    eval_batch_metrics = {
        k: sum([metrics[k] for metrics in eval_batch_metrics])/steps_per_epoch
        for k in eval_batch_metrics[0]}

    print('    Eval loss: %.4f, accuracy: %.2f' % (eval_batch_metrics['loss'],
eval_batch_metrics['accuracy'] * 100))
```

학습 에폭과 배치 크기를 정의하고 학습을 수행합니다. 이때 학습 에폭은 10, 배치 크기는 64, 평가 배치 크기는 100으로 설정했습니다. 이는 한 번에 64개 이미지로 학습하며, 전체 데이터셋을 사용한 반복 학습이 10회 수행되었음을 의미합니다. 또한 메트릭 평가는 한 번에 100개 이미지로 수행되었음을 의미합니다.

```python
train_epoch = 10
batch_size = 64
eval_batch_size = 100

for epoch in range(train_epoch):
    rng, key = jax.random.split(rng)
    state = train_loop(state, train_ds, batch_size, epoch, rng)
    eval_loop(state, test_ds, eval_batch_size)
```

```
EPOCH: 0
Training loss: 0.8403, accuracy: 75.84
    Eval loss: 0.3673, accuracy: 89.74
EPOCH: 1
Training loss: 0.3265, accuracy: 90.72
    Eval loss: 0.2360, accuracy: 93.20
EPOCH: 2
Training loss: 0.2482, accuracy: 92.78
    Eval loss: 0.2035, accuracy: 93.97
...
EPOCH: 9
Training loss: 0.1189, accuracy: 96.48
    Eval loss: 0.1053, accuracy: 96.96
```

3.1.8 모델 추론하기

이제 JIT 컴파일된 추론 함수 `pred_step`을 정의합니다. 학습된 상태에서 순전파 메서드를 가져옵니다. 그리고 학습된 매개변수와 배치를 입력하여 예측값을 추론inference합니다. 이렇게 출력된 `logit` 중 가장 높은 확률의 `label`을 예측값으로 활용합니다. 마지막으로 입력 이미지와 그에 해당하는 예측 레이블을 시각화합니다.

```python
import matplotlib.pyplot as plt

@jax.jit
def pred_step(state, batch):
    logits = state.apply_fn({'params': state.params}, batch)
    return logits.argmax(axis=1)

pred = pred_step(state, test_ds['image'][:25])

fig, axs = plt.subplots(5, 5, figsize=(12, 12))
for i, ax in enumerate(axs.flatten()):
    ax.imshow(test_ds['image'][i], cmap='gray')
    ax.set_title(f"label={pred[i]}")
    ax.axis('off')
```

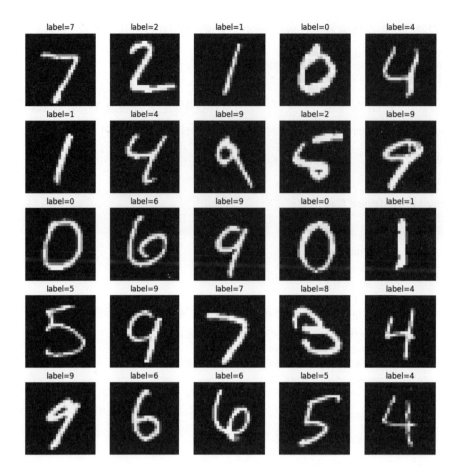

3.2 심화 튜토리얼

이제 좀 더 심화된 튜토리얼을 진행해보고자 합니다. 배치 정규화, 드롭아웃 등의 학습 테크닉이 Flax에서 어떻게 구현되는지 확인하면서 Flax의 특징을 경험해보는 것이 이번 절의 목표입니다.

3.2.1 배치 정규화 적용

배치 정규화batch normalization는 학습 속도를 높이고 수렴을 개선하는 데 사용되는 규제 기법입니다. 깊은 신경망을 학습하는 경우, 각 레이어 또는 활성화 함수마다 데이터 분포가 달라지며 학습 성능이 떨어질 수 있습니다. 배치 정규화는 각 레이어마다 정규화하여 변형된 분포가 나오지 않도록 조절함으로써 이러한 문제를 해결합니다. 이때 입력 레이어에 대한 평균과 분산을 계산해야 하며 이 상태는 미분되지 않습니다. 따라서 미분하여 기울기를 구했던 다른 매개변수와는 다른 상태가 추가됩니다.

우선 모델 정의부터 다시 확인해보겠습니다. 앞 절에서 보았던 CNN의 각 합성곱 레이어 이후에 배치 정규화 레이어를 추가했습니다. nn.BatchNorm은 학습과 추론 시 서로 다른 실행을 하게 되는데, use_running_average 인수를 통해 명시적으로 지정합니다. train 인수를 제공하여 현재 모델이 학습 상태인지, 추론 상태인지 명시적으로 알려주어야 합니다.

```python
class CNN(nn.Module):
    num_classes: int

    @nn.compact
    def __call__(self, x, train: bool):
        x = nn.Conv(features=16, kernel_size=(5, 5), strides=(2, 2),
                    padding='VALID')(x)
        x = nn.BatchNorm(use_running_average=not train)(x)
        x = nn.relu(x)
        x = nn.Conv(features=32, kernel_size=(5, 5), strides=(2, 2),
                    padding='VALID')(x)
        x = nn.BatchNorm(use_running_average=not train)(x)
        x = nn.relu(x)
        x = jnp.mean(x, axis=(1, 2))
        x = nn.Dense(features=self.num_classes)(x)
        return x
```

모델 초기화 시에도 train 여부를 명시적으로 알려주어야 합니다. 또한 배치 통계(평균, 분산)를 담는 batch_stats 컬렉션도 추가해야 합니다.

```
rng = jax.random.PRNGKey(0)
model = CNN(num_classes=10)

rng, key = jax.random.split(rng)
variables = model.init(key, jnp.ones((1, 28, 28, 1)), train=False)
params = variables['params']
batch_stats = variables['batch_stats']
```

`tree_map` 메서드를 활용해 `BatchNorm`이 추가하는 4가지 변수를 확인할 수 있습니다. 평균mean, 분산variance, 편향bias, 규모scale입니다.

```
jax.tree_util.tree_map(jnp.shape, variables)
```

```
FrozenDict({
 'batch_stats': {
   'BatchNorm_0': {
       'mean': (4,),
       'var': (4,),
   },
 },
 'params': {
   'BatchNorm_0': {
       'bias': (4,),
       'scale': (4,),
   },
   'Dense_0': {
       'bias': (4,),
       'kernel': (3, 4),
   },
   'Dense_1': {
       'bias': (1,),
       'kernel': (4, 1),
   },
 },
})
```

`TrainState` 초기화의 모습 역시 달라집니다. 우선 `TrainState`의 사용자 정의 클래스에 `batch_stats` 필드를 추가하고, 초기화할 때도 `batch_stats` 값을 전달합니다.

```
from flax.training import train_state
from typing import Any


class TrainState(train_state.TrainState):
    batch_stats: Any

learning_rate = 0.001
tx = optax.adam(learning_rate=learning_rate)

state = TrainState.create(
    apply_fn=model.apply,
    params=params,
    batch_stats=batch_stats,
    tx=tx,
)
```

이제 각 학습 단계를 확인할 차례입니다. `train_step` 함수에서 우선 모든 새 매개변수를 `apply_fn`에 반영합니다. `batch_stats`를 통해 정규화를 수행할 통계치를 전달하며, `train`을 통해 현 상태를 전달합니다(학습 단계이므로 당연히 `train` 인수는 `True`입니다). `mutable` 인수에 `batch_stats`를 설정하여 해당 컬렉션이 변경 가능한 것임을 표시합니다.

`loss_fn` 내의 `updates`를 통해 `batch_stats`의 변경 사항이 전파됩니다. 그리고 `TrainState`의 `batch_stats`를 직접 업데이트하여 변경 사항을 반영해야 합니다.

```
@jax.jit
def train_step(state, batch):
    def loss_fn(params):
        logits, updates = state.apply_fn(
                {'params': params, 'batch_stats': state.batch_stats},
                batch['image'], train=True, mutable=['batch_stats'])
        loss = jnp.mean(optax.softmax_cross_entropy(
            logits=logits,
            labels=jax.nn.one_hot(batch['label'], num_classes=10))
        )
        return loss, (logits, updates)

    grad_fn = jax.value_and_grad(loss_fn, has_aux=True)
```

```
    (_, (logits, updates)), grads = grad_fn(state.params)
    state = state.apply_gradients(grads=grads)
    state = state.replace(batch_stats=updates['batch_stats'])

    metrics = compute_metrics(logits, batch['label'])
    return state, metrics
```

eval_step의 경우 훨씬 간단하게 업데이트할 수 있습니다. batch_stats는 변경할 필요
가 없으니 전파할 필요도 없습니다. train 인수가 False로 설정되어 있는지만 확인하
면 됩니다.

```
@jax.jit
def eval_step(state, batch):
    logits = state.apply_fn(
        {'params': state.params, 'batch_stats': state.batch_stats},
        batch['image'], train=False)
    return compute_metrics(logits, batch['label'])
```

앞에서와 동일한 에폭과 배치 크기를 설정하고 학습을 실시합니다. 배치 정규화 적용
이전과 비교하여 수렴 속도가 빠르고 지표도 개선되었습니다. 다만 5번째 에폭에서 가
장 좋은 지표를 보이는데, 이후 평가 지표가 나빠지는 **과적합**overfitting 현상이 나타납니
다. 과적합을 막기 위한 추가적인 규제가 필요한 것으로 보입니다.

```
@jax.jit
def eval_step(state, batch):
    logits = state.apply_fn(
        {'params': state.params, 'batch_stats': state.batch_stats},
        batch['image'], train=False)
    return compute_metrics(logits, batch['label'])

train_epoch = 10
batch_size = 64
eval_batch_size = 100
for epoch in range(train_epoch):
    rng, key = jax.random.split(rng)
    state = train_loop(state, train_ds, batch_size, epoch, rng)
```

```
eval_loop(state, test_ds, eval_batch_size)
```

```
EPOCH: 0
Training loss: 0.7521, accuracy: 84.82
     Eval loss: 0.2863, accuracy: 93.41
EPOCH: 1
Training loss: 0.2063, accuracy: 95.40
     Eval loss: 0.1717, accuracy: 96.02
EPOCH: 2
Training loss: 0.1348, accuracy: 96.68
     Eval loss: 0.1033, accuracy: 97.45
...
EPOCH: 9
Training loss: 0.0519, accuracy: 98.50
     Eval loss: 0.1006, accuracy: 96.71
```

3.2.2 드롭아웃 적용

이번 절에서는 **드롭아웃**dropout의 적용 방법에 대해 알아보겠습니다. 드롭아웃도 배치 정규화처럼 규제 기법 중 하나입니다. 학습 도중 신경망 각 레이어의 뉴런을 무작위로 제거함으로써 특정 변수나 뉴런이 지나치게 강조되는 것을 막고, 과적합을 방지합니다.

우선 모델부터 다시 정의합니다. 앞에서 배치 정규화를 적용했던 모델에 nn.Dropout() 레이어를 추가합니다. 이렇게 Flax의 모든 신경망 모듈은 nn.Module이라는 기본 모듈 아래에 서브 클래스화됩니다. 이때 제거하는 뉴런 비율과 deterministic이라는 인수를 제공해야 합니다. 해당 인수가 False인 경우 드롭아웃이 적용되며, True인 경우 드롭아웃이 적용되지 않고 입력이 그대로 전달됩니다. 해당 튜토리얼에서는 train 변수를 통해 학습 상태일 때 드롭아웃을 적용합니다.

```python
class CNN(nn.Module):
    num_classes: int

    @nn.compact
    def __call__(self, x, train: bool):
        x = nn.Conv(features=16, kernel_size=(5, 5), strides=(2, 2),
                    padding='VALID')(x)
```

```
        x = nn.BatchNorm(use_running_average=not train)(x)
        x = nn.relu(x)
        x = nn.Conv(features=32, kernel_size=(5, 5), strides=(2, 2),
                    padding='VALID')(x)
        x = nn.BatchNorm(use_running_average=not train)(x)
        x = nn.relu(x)
        x = nn.Dropout(rate=0.5, deterministic=not train)(x)
        x = jnp.mean(x, axis=(1, 2))
        x = nn.Dense(features=self.num_classes)(x)
        return x
```

이제 모델을 초기화합니다. 앞선 튜토리얼에서는 모델 초기화에 사용하기 위한 PRNG 키를 정의했습니다. 이 부분에서 지금까지와 다른 처리가 필요합니다.

드롭아웃에서는 뉴런의 무작위적 삭제를 위한 무작위 연산이 필요합니다. 따라서 PRNG 상태를 제공해야 하며, 이를 위해 PRNG 키가 필요합니다. 즉 기존에 사용했던 키 외에 추가적인 키가 필요하게 됩니다. 이미 알고 있는 것처럼 JAX에는 PRNG 키를 제공하는 명시적인 방법이 있습니다. key, subkey = jax.random.split(key)처럼 split 메서드를 사용하여 추가적인 키를 발급할 수 있습니다.

다음 예시에서는 모델 매개변수 초기화를 위한 params_key와 드롭아웃 적용을 위한 dropout_key를 분할했습니다.

```
rng = jax.random.PRNGKey(0)
model = CNN(num_classes=10)

main_key, params_key, dropout_key = jax.random.split(key=rng, num=3)
variables = model.init(params_key, jnp.ones((1, 28, 28, 1)),train=False)
params = variables['params']
batch_stats = variables['batch_stats']
```

TrainState의 초기화 방법에도 변화가 있습니다. 먼저 사용자 정의 TrainState 클래스에 key 필드를 추가해야 합니다. 이제 TrainState에서 PRNG 키 또한 상태로 관리할 수 있습니다. 이를 위해 TrainState.create() 메서드에 dropout_key를 전달합니다.

```
from flax.training import train_state

class TrainState(train_state.TrainState):
    batch_stats: Any
    key: jax.random.key

learning_rate = 0.001
tx = optax.adam(learning_rate=learning_rate)
state = TrainState.create(
    apply_fn=model.apply,
    params=params,
    batch_stats=batch_stats,
    key=dropout_key,
    tx=tx,
)
```

마지막으로 `train_step` 함수를 변경합니다. 우선 학습 단계에서 임의성을 부여할 키를 발급해야 합니다. 이때 `jax.random.split()`과 `jax.random.fold_in()` 두 가지 옵션이 존재합니다. 일반적으로 `fold_in()`의 연산 속도가 더 빠르기 때문에 해당 메서드를 사용합니다. 이렇게 새로 발급된 `dropout_train_key`는 `apply_fn`에 추가 인수로 전달되어 순전파에 활용됩니다.

```
@jax.jit
def train_step(state, batch):
    dropout_train_key = jax.random.fold_in(key=dropout_key, data=state.step)
    def loss_fn(params):
        logits, updates = state.apply_fn(
            {'params': params, 'batch_stats': state.batch_stats},
            batch['image'], train=True, mutable=['batch_stats'],
            rngs={'dropout': dropout_train_key})
        loss = jnp.mean(optax.softmax_cross_entropy(
            logits=logits,
            labels=jax.nn.one_hot(batch['label'],
            num_classes=10)))
        return loss, (logits, updates)

    grad_fn = jax.value_and_grad(loss_fn, has_aux=True)
```

```
    (_, (logits, updates)), grads = grad_fn(state.params)
    state = state.apply_gradients(grads=grads)
    state = state.replace(batch_stats=updates['batch_stats'])
    metrics = compute_metrics(logits, batch['label'])
    return state, metrics
```

배치 정규화만 적용했을 때와 동일한 에폭 수, 배치 크기를 설정하고 학습합니다. 평가 지표는 살짝 감소했으나 지표가 좀 더 안정적으로 개선되는 것을 확인할 수 있습니다. 과적합 역시 사라진 것으로 보입니다.

```
train_epoch = 10
batch_size = 64
eval_batch_size = 100
for epoch in range(train_epoch):
    rng, key = jax.random.split(rng)
    state = train_loop(state, train_ds, batch_size, epoch, rng)
    eval_loop(state, test_ds, eval_batch_size)
```
```
EPOCH: 0
Training loss: 0.8921, accuracy: 77.50
    Eval loss: 0.3428, accuracy: 92.73
EPOCH: 1
Training loss: 0.3273, accuracy: 91.21
    Eval loss: 0.1660, accuracy: 96.11
EPOCH: 2
Training loss: 0.2472, accuracy: 93.01
    Eval loss: 0.1297, accuracy: 96.74
...
EPOCH: 9
Training loss: 0.1428, accuracy: 95.66
    Eval loss: 0.0805, accuracy: 97.75
```

3.2.3 학습률 스케줄링

이번 절에서는 Flax에서 **학습률 스케줄링**learning rate scheduling에 대해 알아보겠습니다. 학습률은 딥러닝 모델 학습에서 매우 중요한 하이퍼파라미터 중 하나입니다. 학습률이 너무 커도, 너무 작아도 최적에 수렴하기 어렵기 때문에 적당한 학습률을 발견하는 것은 매우 중요합니다. 따라서 고정된 값의 학습률을 사용하는 것보다 학습률 스케줄링 기법을 통해 동적인 값을 사용하는 것이 모델 학습에 도움이 되는 경우가 많습니다.

학습률 스케줄링을 사용하기 위해서는 `create_learning_rate_fn`을 먼저 정의합니다. 이 함수는 이후 Optax 옵티마이저에 전달되어야 합니다. 다음 예시에는 코사인cosine 스케줄러가 사용되었습니다. 해당 스케줄러 적용 전 워밍업 구간인 `warmup_epochs` 동안 학습률은 0부터 `base_learning_rate`까지 선형적으로 증가합니다. Optax 라이브러리에서 각 스케줄링 기법 메서드를 불러올 수 있으며, 또한 `join_schedules` 메서드를 통해 여러 스케줄링 기법을 조합할 수도 있습니다.

```python
def create_learning_rate_fn(num_epochs, warmup_epochs, base_learning_rate, steps_
per_epoch):
    """학습률 스케줄링을 생성합니다."""
    warmup_fn = optax.linear_schedule(
        init_value=0., end_value=base_learning_rate,
        transition_steps=warmup_epochs * steps_per_epoch)
    cosine_epochs = max(num_epochs - warmup_epochs, 1)

    cosine_fn = optax.cosine_decay_schedule(
        init_value=base_learning_rate,
        decay_steps=cosine_epochs * steps_per_epoch)
    schedule_fn = optax.join_schedules(
        schedules=[warmup_fn, cosine_fn],
        boundaries=[warmup_epochs * steps_per_epoch])

    return schedule_fn
```

다음으로 `train_step` 함수에도 변경이 필요합니다. 우선 `learning_rate_fn`이라는 인수를 추가로 받아야 합니다. 이때 해당 인수는 JIT 컴파일 시 정적static으로 처리되어야 합니다. 따라서 `partial` 메서드를 사용하여 해당 인수가 정적으로 처리되도록 변경합니다. `learlearning_rate_fn`을 통해 해당 스텝의 학습률을 구하고, `metrics`에 저장합니다.

```
import functools

@functools.partial(jax.jit, static_argnums=2)
def train_step(state, batch, learning_rate_fn):
    dropout_train_key = jax.random.fold_in(key=dropout_key,
        data=state.step)
    def loss_fn(params):
        logits, updates = state.apply_fn(
        {'params': params, 'batch_stats': state.batch_stats},
        batch['image'], train=True, mutable=['batch_stats'],
        rngs={'dropout': dropout_train_key})
        loss = jnp.mean(optax.softmax_cross_entropy(
            logits=logits,
            labels=jax.nn.one_hot(batch['label'],num_classes=10)))
        return loss, (logits, updates)

    grad_fn = jax.value_and_grad(loss_fn, has_aux=True)
    (_, (logits, updates)), grads = grad_fn(state.params)
    state = state.apply_gradients(grads=grads)
    state = state.replace(batch_stats=updates['batch_stats'])
    metrics = compute_metrics(logits, batch['label'])
    lr = learning_rate_fn(state.step)
    metrics['learning_rate'] = lr
    return state, metrics
```

train_step에 learning_rate_fn을 전달하기 위해 train_loop 함수도 변경되어야 합니다. 우선 마찬가지로 learning_rate_fn 인수를 추가합니다. 그리고 train_step 함수에 learning_rate_fn 인수를 추가합니다.

```
def train_loop(state, train_ds, batch_size, epoch, learning_rate_fn, rng):
    train_ds_size = len(train_ds['image'])
    steps_per_epoch = train_ds_size // batch_size
    perms = jax.random.permutation(rng, train_ds_size)
    perms = perms[:steps_per_epoch * batch_size]
    perms = perms.reshape((steps_per_epoch, batch_size))
    batch_metrics = []
    for perm in perms:
        batch = {k: v[perm, ...] for k, v in train_ds.items()}
        state, metrics = train_step(state, batch, learning_rate_fn)
        batch_metrics.append(metrics)
```

```
        training_batch_metrics = jax.device_get(batch_metrics)
        training_epoch_metrics = {k: sum([metrics[k] for metrics in
            training_batch_metrics])/steps_per_epoch
            for k in training_batch_metrics[0]}

        print('EPOCH: %d\nTraining loss: %.4f, accuracy: %.2f' % (epoch,
            training_epoch_metrics['loss'],
            training_epoch_metrics['accuracy'] * 100))
        return state
```

이제 변경된 함수들을 사용하기만 하면 됩니다. `rng` 키를 나누고, 모델을 초기화하는
과정에서 변경되는 것은 없습니다.

```
rng = jax.random.PRNGKey(0)
model = CNN(num_classes=10)
main_key, params_key, dropout_key = jax.random.split(key=rng, num=3)
variables = model.init(params_key, jnp.ones((1, 28, 28, 1)), train=False)
params = variables['params']
batch_stats = variables['batch_stats']
```

다만 `TrainState` 초기화 시에는 약간의 변경이 필요합니다. 여러 번 작업했던 것과 동
일하게 `TrainState`가 초기화될 때 우리는 옵티마이저를 전달해주었습니다. 그리고 이
때 학습률도 하이퍼파라미터로 전달했습니다. 이제 해당 하이퍼파라미터가 동적 함
수로 변경되었기 때문에 해당 함수를 우선 초기화해주어야 합니다. 따라서 `create_`
`learning_rate_fn`으로 학습률 스케줄링 함수를 초기화하고 이를 Optax 옵티마이저
에 전달합니다. `create_learning_rate_fn`의 필수 인수로 `steps_per_epoch`이 필요하
기 때문에 `train_epoch`, `warmup_epoch` 등 학습 에폭 관련 하이퍼파라미터도 사전에
설정되어야 합니다.

```
train_epoch = 10
warmup_epoch = 2
learning_rate = 0.01
batch_size = 64
```

```
eval_batch_size = 100
train_ds_size = len(train_ds['image'])
steps_per_epoch = train_ds_size // batch_size
learning_rate_fn = create_learning_rate_fn(train_epoch, warmup_epoch, learning_
rate, steps_per_epoch)
tx = optax.adam(learning_rate=learning_rate_fn)
state = TrainState.create(
  apply_fn=model.apply,
  params=params,
  batch_stats=batch_stats,
  key=dropout_key,
  tx=tx,
)
```

이제 학습률 스케줄링을 적용한 학습을 시작합니다. 이때 `train_loop`에 `learning_`
`rate_fn`을 에폭마다 전달하는 것을 확인합니다. 지금까지 학습 중 가장 높은 정확도를
달성했으며, 에폭마다 안정적으로 지표가 수렴해가는 것을 확인할 수 있습니다.

```
for epoch in range(train_epoch):
  rng, key = jax.random.split(rng)
  state = train_loop(state, train_ds, batch_size, epoch,
    learning_rate_fn, rng)
  eval_loop(state, test_ds, eval_batch_size)
```
```
EPOCH: 0
Training loss: 0.9390, accuracy: 72.74
    Eval loss: 0.4879, accuracy: 84.25
EPOCH: 1 Training loss: 0.2495, accuracy: 92.49
    Eval loss: 0.1565, accuracy: 95.08
EPOCH: 2 Training loss: 0.1901, accuracy: 94.25
    Eval loss: 0.0942, accuracy: 97.21
...
EPOCH: 9 Training loss: 0.0847, accuracy: 97.34
    Eval loss: 0.0479, accuracy: 98.55
```

3.2.4 체크포인트 관리

지금까지는 모델을 학습시키는 방법을 알아봤습니다. 이번 절에서는 **Orbax**라는 라이브러리를 통해 **체크포인트**checkpoint로 모델을 저장하고 불러오는 방법을 확인해보겠습니다. 깃허브 저장소에는 앞 절과 이번 절 내용을 함께 적용한 코드를 올려뒀습니다.

우선 현재의 모델 상태와 설정을 `ckpt`로 저장합니다(여기 코드에서 `config`는 따로 의미는 없는 임의의 예시 설정입니다).

```
config = {'dimensions': np.array([5, 3])}
ckpt = {'model': state, 'config': config}
```

`orbax`와 `orbax_utils`를 사용하여 체크포인트를 저장합니다. 경로는 `tmp/single_save`로 지정했습니다. `save_args` 인수는 선택 사항이지만 성능 개선에 도움이 되니 사용하는 것을 권장합니다.

```
import orbax.checkpoint
from flax.training import orbax_utils
orbax_checkpointer = orbax.checkpoint.PyTreeCheckpointer()
save_args = orbax_utils.save_args_from_target(ckpt)
orbax_checkpointer.save('tmp/single_save, ckpt, save_args=save_args)
```

실제 모델 학습을 진행하면서 위와 같이 단 한 번만 체크포인트를 저장하는 경우는 드뭅니다. 버전 관리 및 자동 저장을 위해서는 다음과 같이 `orbax.checkpoint.CheckpointManager`와 `orbax.checkpoint.CheckpointManagerOptions`를 활용할 수 있습니다. 다음 예시에서는 `max_to_keep` 인수를 통해 최대 2개의 체크포인트만 저장하도록 했습니다.

```
options = orbax.checkpoint.CheckpointManagerOptions(max_to_keep=2,
    create=True)
checkpoint_manager = orbax.checkpoint.CheckpointManager(
    'tmp/managed', orbax_checkpointer, options)
```

```
# train_loop 내부
for step in range(5):
    # ... 학습 수행
    checkpoint_manager.save(step, ckpt,
        save_kwargs={'save_args':save_args})
```

저장된 체크포인트를 불러오기 위해서는 .restore 메서드를 사용하면 됩니다.

```
raw_restored = orbax_checkpointer.restore('tmp/orbax/single_save')
raw_restored
```

```
{'config': {'dimensions': array([5, 3]), 'name': 'dense'},
 'data': [array([0.59902626, 0.2172144 , 2.4202902 , 0.03266738, 1.2164948 ],
      dtype=float32)],
 'model': {'opt_state': [None, None],
  'params': {'bias': array([-0.001, -0.001, -0.001], dtype=float32),
   'kernel': array([[ 0.26048955, -0.61399287, -0.23458514],
       [ 0.11050402, -0.8765793 ,  0.9800635 ],
       [ 0.36260957,  0.18276349, -0.6856061 ],
       [-0.8519373 , -0.6416717 , -0.4818122 ],
       [-0.6886102 , -0.33987316, -0.05898903]], dtype=float32)},
  'step': 1}}
```

CheckpointManager를 사용하기 위해선 다음과 같이 step 숫자가 필요합니다.

```
for epoch in range(train_epoch):
    step = checkpoint_manager.latest_step()
    checkpoint_manager.restore(step)
```

CHAPTER **4**

JAX/Flax를 활용한 딥러닝 모델 만들기

이 장에서는 JAX/Flax 라이브러리를 활용하여 고급 딥러닝 모델을 구현하는 방법을 탐구합니다. 앞선 장들에서 Flax의 기본적인 메서드와 사용법에 대해 살펴보았다면, 이번 장에서는 이러한 기초 지식을 바탕으로 실제 모델 구축과 **미세조정(파인튜닝)**fine-tuning 과정을 집중적으로 다룹니다. 이에 앞서 Flax로 구현했던 CNN 모델을 순수한 JAX만을 사용하여 어떻게 구현할 수 있는지도 살펴봅니다.

구체적으로는 CNN(순수 JAX), ResNet, DCGAN, CLIP 모델을 어떻게 효과적으로 구현하고 최적화할 수 있는지를 심도 있게 탐구합니다. ResNet 모델은 이미지 분류와 같은 비전 태스크에서 높은 성능을 보여주는 구조입니다. 이 장에서는 Flax를 사용하여 ResNet을 구현하고, 이를 다양한 데이터셋에 적용해보는 과정을 단계별로 설명합니다. 이어서 DCGAN에 대해 설명하며, 이미지 생성에서 Flax가 보여주는 유연성과 효율성을 살펴볼 것입니다. 마지막으로, CLIP 모델의 미세조정 방법에 대해 집중적으로 다루며 허깅 페이스 모델에 대한 미세조정 기법에 대해서도 배웁니다.

각 모델의 구현을 살펴볼 때는 이론적 배경뿐만 아니라 실질적인 코딩 예제와 함께 문제 해결 전략을 제시할 것입니다. 이를 통해 여러분은 Flax를 활용한 딥러닝 모델 구축의 전반적인 프로세스를 이해하고, 자신만의 프로젝트에 적용할 수 있는 실질적인 지식을 얻을 수 있을 것입니다. 또한 이 장은 각 모델의 성능 향상을 위한 다양한 최적화 기법과 미세조정 전략을 제공함으로써, 여러분이 더욱 효과적인 모델을 구축할 수 있도록 돕습니다.

이 장의 목표는 Flax를 활용한 심화된 딥러닝 모델 구현의 전 과정을 체계적으로 제시하는 것입니다. 이를 통해 Flax의 고급 기능을 숙달하고, 자신의 연구나 프로젝트에 적용할 수 있는 능력을 키울 수 있습니다. 다시 말해 Flax가 제공하는 다양한 가능성을 탐색하고, 딥러닝 분야에서의 자신만의 길을 개척하는 데 필요한 지식과 경험을 쌓을 수 있기를 기대합니다.

4.1 순수 JAX로 구현하는 CNN

3.1절에서는 Flax를 사용하여 신경망 모델을 구축하는 방법을 살펴보았습니다. Flax는 JAX 위에 구축된 고수준 신경망 라이브러리로, 모델 구현을 단순화하고 직관적으로 만들어줍니다. 그러나 때로는 더 낮은 수준의 제어가 필요하거나, Flax의 추상화 없이 직접 JAX를 사용하고 싶을 수도 있습니다.

이번 절에서는 이전에 Flax로 구현했던 CNN 모델을 순수한 JAX만을 사용하여 어떻게 구현할 수 있는지 살펴볼 것입니다. 이 과정을 통해 우리는 신경망의 내부 작동 방식을 더 깊이 이해하고, JAX의 강력한 기능들을 직접 활용하는 방법을 배우게 될 것입니다.

즉, 딥러닝 모델의 기본 구성 요소를 더 깊이 이해하고, 필요에 따라 모델을 더욱 세밀하게 제어할 수 있을 뿐만 아니라, JAX에서 중요시하는 자동 미분, JIT 컴파일, 병렬화 등의 핵심 기능을 직접 활용하는 방법을 배울 수 있는 좋은 기회가 될 것입니다.

그럼 이제 Flax에서 JAX로의 전환 과정을 단계별로 살펴보며, 각 구성 요소를 어떻게 순수한 JAX 코드로 구현할 수 있는지 자세히 알아보겠습니다. 코드는 다음과 같은 주요 단계로 구성됩니다.

- 필요한 패키지 로드
- MNIST 데이터셋 로드

- 레이어 구현
  - 완전연결 레이어
  - 합성곱 레이어
  - 활성화 함수
  - 풀링 레이어
  - 평탄화
  - 직렬화
- 네트워크 정의
- 훈련 단계
- 평가 단계
- 훈련 및 평가
- 모델 추론하기

4.1.1 패키지 로드하기

이번 예제를 구현하기 위해 필요한 패키지들을 로드합니다. 허깅 페이스에서 제공하는 datasets와 JAX 내부 라이브러리를 활용할 것입니다.

```
!pip install datasets
import functools
import operator as op

import jax
from jax import lax
from jax import random

from jax.nn import relu, log_softmax
from jax.nn.initializers import glorot_normal, normal

print("JAX Version : {}".format(jax.__version__))
```
```
JAX Version : 0.4.26
```

4.1.2 데이터 로드하기

3.1절에서 진행했던 Flax 예제와 맞추기 위해서 이번 예제에서도 허깅 페이스 데이터셋을 활용합니다. `datasets` 패키지를 통해 MNIST 데이터셋을 불러오고 `with_format` 메서드를 활용하여 JAX 형태의 포맷을 지정합니다. 이전 예제처럼 로드된 데이터셋을 학습 셋과 테스트 셋으로 분리한 후 정규화합니다.

```python
import jax.numpy as jnp
from datasets import load_dataset

def get_datasets():
    datasets = load_dataset("mnist")
    datasets = datasets.with_format("jax")
    datasets = {
        "train": {
            "image": datasets["train"]["image"][...,None].astype(jnp.float32)/255,
            "label": datasets["train"]["label"],
        },
        "test": {
            "image": datasets["test"]["image"][...,None].astype(jnp.float32)/255,
            "label": datasets["test"]["label"],
        },
    }
    return datasets['train'], datasets['test']
```

정의한 함수를 실행해 학습 데이터셋, 테스트 데이터셋을 불러옵니다.

```python
train_ds, test_ds = get_datasets()
```

4.1.3 레이어 구현

JAX로 모델을 구축하기 위해서는 사용할 레이어를 전부 직접 구축해야 합니다. 순서대로 완전연결 레이어, 합성곱 레이어, ReLU 활성화 함수, 풀링 레이어, 평탄화, 직렬화를 구현하겠습니다. 각 레이어를 정의하면서 내부 신경망 구조를 파악해보겠습니다.

108 CHAPTER 4 JAX/Flax를 활용한 딥러닝 모델 만들기

① 완전연결 레이어

다음 코드는 신경망의 완전연결 레이어를 구현하는 Dense 함수를 정의합니다.

```
def Dense(out_dim, W_init=glorot_normal(), b_init=normal()):
  """밀도가 높은(완전히 연결된) 레이어를 위한 레이어 생성자 함수"""
  def init_fun(rng, input_shape):
    output_shape = input_shape[:-1] + (out_dim,)
    k1, k2 = random.split(rng)
    W, b = W_init(k1, (input_shape[-1], out_dim)), b_init(k2, (out_dim,))
    return output_shape, (W, b)

  def apply_fun(params, inputs, **kwargs):
    W, b = params
    return jnp.dot(inputs, W) + b

  return init_fun, apply_fun
```

이 함수는 출력 차원인 out_dim과 가중치 초기화 함수 W_init 그리고 편향 초기화 함수 b_init를 매개변수로 받습니다. Dense 함수 내부에는 두 개의 중요한 함수가 정의되어 있습니다. 첫 번째는 init_fun으로, 레이어를 초기화하는 역할을 합니다. 이 함수는 난수 생성기와 입력 형태를 받아 출력 형태를 계산하고, 가중치와 편향을 초기화합니다. 두 번째는 apply_fun으로, 실제 레이어의 연산을 수행합니다. 이 함수는 초기화된 매개변수(가중치와 편향)와 입력 데이터를 받아 행렬 곱셈과 편향 덧셈을 수행합니다. 이는 기본적인 완전연결 레이어의 순전파 연산입니다. Dense 함수는 최종적으로 이 두 함수를 튜플로 반환합니다.

이러한 구조는 JAX 라이브러리를 사용한 함수형 프로그래밍 스타일을 따르고 있으며, 레이어의 초기화와 순전파 연산을 명확히 분리하여 구현하고 있습니다. 이 방식은 코드의 모듈성과 재사용성을 높이며, 신경망의 각 레이어를 독립적으로 관리할 수 있게 해줍니다.

② 합성곱 레이어

GeneralConv라고 정의한 함수는 합성곱의 차원 순서, 출력 채널 수, 필터 형태 등 다양한 매개변수를 받아 유연한 합성곱 레이어를 생성합니다. 함수 내부에서는 두 개의 중첩 함수를 정의하는데, `init_fun`은 레이어의 초기화를 담당하고 `apply_fun`은 실제 합성곱 연산을 수행합니다.

```python
def GeneralConv(dimension_numbers, out_chan, filter_shape,
                strides=None, padding='VALID', W_init=None,
                b_init=normal(1e-6)):
    """일반 합성곱 레이어를 위한 레이어 구성 함수"""
    lhs_spec, rhs_spec, out_spec = dimension_numbers
    one = (1,) * len(filter_shape)
    strides = strides or one
    W_init = W_init or glorot_normal(rhs_spec.index('I'), rhs_spec.index('O'))

    def init_fun(rng, input_shape):
        filter_shape_iter = iter(filter_shape)
        kernel_shape = [out_chan if c == 'O' else
                        input_shape[lhs_spec.index('C')] if c == 'I' else
                        next(filter_shape_iter) for c in rhs_spec]
        output_shape = lax.conv_general_shape_tuple(
            input_shape, kernel_shape, strides, padding, dimension_numbers)
        bias_shape = [out_chan if c == 'C' else 1 for c in out_spec]
        k1, k2 = random.split(rng)
        W, b = W_init(k1, kernel_shape), b_init(k2, bias_shape)
        return output_shape, (W, b)

    def apply_fun(params, inputs, **kwargs):
        W, b = params
        return lax.conv_general_dilated(inputs, W, strides, padding, one, one,
                                        dimension_numbers=dimension_numbers) + b

    return init_fun, apply_fun

Conv = functools.partial(GeneralConv, ('NHWC', 'HWIO', 'NHWC'))
```

`init_fun` 함수는 난수 생성기와 입력 형태를 매개변수로 받아 합성곱 레이어의 초기화를 담당합니다. 이 함수는 먼저 `filter_shape_iter`를 사용해 필터 형태를 순회하고, `rhs_spec`에 따라 `kernel_shape`를 계산합니다. 여기서 'O'는 출력 채널 수, 'I'는 입력 채널 수, 그 외는 필터 크기를 나타냅니다. 그다음 `lax.conv_general_shape_tuple` 함수를 통해 입력 형태, 커널 형태, 스트라이드, 패딩, 차원 순서를 고려하여 `output_shape`

를 결정하고, 출력 명세에 따라 `bias_shape`를 계산합니다. 마지막으로 난수 생성기를 분할하여 `W_init`과 `b_init` 함수로 가중치 `W`와 편향 `b`를 각각 초기화하고, 최종적으로 `output_shape`와 초기화된 매개변수 `(W, b)`를 반환합니다. 이렇게 반환된 값들은 후에 `apply_fun`에서 실제 합성곱 연산을 수행할 때 사용됩니다.

`apply_fun`에서는 JAX의 `lax` 모듈을 사용해 효율적인 합성곱 연산을 수행합니다. 함수는 이 두 내부 함수를 반환하여 레이어의 초기화와 적용을 분리합니다. 마지막으로, `Conv` 함수를 정의하여 `GeneralConv`의 차원 순서를 'NHWC', 'HWIO', 'NHWC'로 고정한 버전을 만듭니다. 이 코드는 합성곱 신경망을 구현할 때 유용하게 사용될 수 있는 유연하고 효율적인 합성곱 레이어를 제공합니다.

❸ 활성화 함수

활성화 함수를 정의하기 위해, 요소별 연산을 수행하는 레이어를 생성하는 `elementwise` 함수와 이를 활용한 ReLU 함수와 LogSoftmax 함수를 정의하겠습니다. `elementwise` 함수는 스칼라 함수 `fun`과 추가 키워드 인수를 받아 레이어를 생성합니다. 내부적으로 `init_fun`과 `apply_fun` 두 함수를 정의하는데, `init_fun`은 입력 형태를 그대로 출력 형태로 반환하고 빈 튜플을 매개변수로 반환하며, `apply_fun`은 주어진 `fun` 함수를 입력에 적용합니다.

```
def elementwise(fun, **fun_kwargs):
    """입력에 요소별로 스칼라 함수를 적용하는 레이어"""
    init_fun = lambda rng, input_shape: (input_shape, ())
    apply_fun = lambda params, inputs, **kwargs: fun(inputs, **fun_kwargs)
    return init_fun, apply_fun

Relu = elementwise(relu)
LogSoftmax = elementwise(log_softmax, axis=-1)
```

이 구조를 이용해 `Relu` 레이어와 `LogSoftmax` 레이어를 간단히 정의했습니다. `Relu`는 단순히 ReLU~rectified linear unit~ 함수를 적용하고, `LogSoftmax`는 `log_softmax` 함수를 마지막 축에 대해 적용합니다. 이러한 방식으로 신경망에서 자주 사용되는 요소별 연산을 쉽게 레이어로 구현할 수 있게 했습니다.

❹ 풀링 레이어

이번에는 풀링 레이어를 생성하는 함수를 정의하겠습니다. `_pooling_layer` 함수는 `reducer`, `init_val`, `rescaler`를 인수로 받아 `PoolingLayer` 함수를 반환합니다.

```python
def _pooling_layer(reducer, init_val, rescaler=None):
  def PoolingLayer(window_shape, strides=None, padding='VALID', spec=None):
    """풀링 레이어를 위한 레이어 구성 기능"""
    strides = strides or (1,) * len(window_shape)
    rescale = rescaler(window_shape, strides, padding) if rescaler else None

    if spec is None:
      non_spatial_axes = 0, len(window_shape) + 1
    else:
      non_spatial_axes = spec.index('N'), spec.index('C')
    for i in sorted(non_spatial_axes):
      window_shape = window_shape[:i] + (1,) + window_shape[i:]
      strides = strides[:i] + (1,) + strides[i:]

    def init_fun(rng, input_shape):
      padding_vals = lax.padtype_to_pads(input_shape, window_shape,
                                         strides, padding)
      ones = (1,) * len(window_shape)
      out_shape = lax.reduce_window_shape_tuple(
        input_shape, window_shape, strides, padding_vals, ones, ones)
      return out_shape, ()

    def apply_fun(params, inputs, **kwargs):
      out = lax.reduce_window(inputs, -jnp.inf, lax.max, window_shape,
                              strides, padding)
      return out

    return init_fun, apply_fun

  return PoolingLayer

MaxPool = _pooling_layer(lax.max, -jnp.inf)
```

`PoolingLayer` 함수는 `window_shape`, `strides`, `padding`, `spec`을 인수로 받아 실제 풀링 레이어를 구성합니다. `PoolingLayer`함수 내부에서는 `non_spatial_axes`를 결정하

고, `window_shape`와 `strides`를 조정합니다. 그 후 `init_fun`과 `apply_fun` 두 내부 함수를 정의합니다. `init_fun`은 입력 형태에 따른 출력 형태를 계산하고, `apply_fun`은 실제 풀링 연산을 수행합니다. 이때 JAX의 `lax` 모듈의 `reduce_window` 함수를 사용하여 효율적인 연산을 수행합니다. 마지막으로 `MaxPool` 레이어를 `_pooling_layer` 함수를 이용해 정의하는데, 이는 최댓값을 선택하는 풀링 연산을 수행합니다. 이러한 구조를 통해 다양한 종류의 풀링 레이어를 쉽게 생성하고 사용할 수 있게 됩니다.

❺ 평탄화

`Flatten` 함수도 내부에 `init_fun`과 `apply_fun` 두 함수를 정의합니다.

```python
def Flatten():
  """n차원을 1차원으로 만드는 작업"""
  def init_fun(rng, input_shape):
    output_shape = input_shape[0], functools.reduce(op.mul, input_shape[1:], 1)
    return output_shape, ()

  def apply_fun(params, inputs, **kwargs):
    return jnp.reshape(inputs, (inputs.shape[0], -1))

  return init_fun, apply_fun

Flatten = Flatten()
```

`init_fun`은 입력 형태를 받아 출력 형태를 계산하는데, 첫 번째 차원(일반적으로 배치 크기)은 그대로 유지하고 나머지 차원들을 모두 곱해 하나의 차원으로 만듭니다. `apply_fun`은 실제 데이터를 받아 평탄화 연산을 수행하는데, JAX의 `jnp.reshape` 함수를 사용하여 입력의 첫 번째 차원은 유지하고 나머지는 모두 하나의 차원으로 펼칩니다. 이 두 함수를 반환함으로써 `Flatten` 레이어가 구성됩니다. 마지막 줄에서는 이 `Flatten` 함수를 즉시 호출하여 `Flatten` 레이어를 생성합니다. 이 레이어는 주로 합성곱 레이어와 완전연결 레이어 사이에서 다차원 데이터를 1차원으로 펼치는 데 사용됩니다.

❻ 직렬화

마지막으로 구현할 내용은 직렬화입니다. 직렬화는 레이어를 층층이 쌓기 위해 필요합니다. 이 함수는 가변 개수의 레이어를 인수로 받아, 이들을 순차적으로 연결한 새로운 레이어를 생성합니다. 내부적으로 `init_fun`과 `apply_fun` 두 함수를 정의합니다.

```python
def serial(*layers):
  nlayers = len(layers)
  init_funs, apply_funs = zip(*layers)

  def init_fun(rng, input_shape):
    params = []
    for init_fun in init_funs:
      rng, layer_rng = random.split(rng)
      input_shape, param = init_fun(layer_rng, input_shape)
      params.append(param)
    return input_shape, params

  def apply_fun(params, inputs, **kwargs):
    rng = kwargs.pop('rng', None)
    rngs = random.split(rng, nlayers) if rng is not None else (None,) * nlayers
    for fun, param, rng in zip(apply_funs, params, rngs):
      inputs = fun(param, inputs, rng=rng, **kwargs)
    return inputs

  return init_fun, apply_fun
```

`init_fun`은 각 레이어의 초기화 함수를 순차적으로 호출하여 전체 네트워크의 매개변수를 초기화합니다. 이 과정에서 각 레이어의 출력 형태가 다음 레이어의 입력 형태가 됩니다. `apply_fun`은 입력 데이터를 받아 각 레이어의 적용 함수를 순차적으로 호출하여 최종 출력을 생성합니다. 이때 랜덤 시드(rng)가 주어진 경우, 각 레이어에 대해 개별적인 랜덤 시드를 생성하여 전달합니다. 이렇게 구성된 `serial` 함수를 통해 복잡한 신경망 구조를 간단하게 구현할 수 있으며, 각 레이어의 독립성을 유지하면서도 전체 네트워크를 효율적으로 관리할 수 있게 됩니다.

4.1.4 네트워크 정의하기

각 레이어를 정의했다면 Flax에서 정의한 CNN 모델을 정의하겠습니다. 이번에 만들 CNN모델은 이전 챕터에서 만들었던 모델과 동일하게 정의할 것이며, 최적화 함수와 지표도 직접 생성해서 적용할 것입니다.

```python
import jax.numpy as jnp
from jax import random

# 네트워크 초기화 및 평가 기능 설정
net_init, net_apply = serial(
    Conv(32, (3, 3), padding='SAME'), Relu,
    Conv(64, (3, 3), padding='SAME'), Relu,
    MaxPool((2, 2)), Flatten,
    Dense(128), Relu,
    Dense(10), LogSoftmax,
)

# 배치 모양에 커밋하지 않고 매개변수 초기화하기
rng = random.key(0)
in_shape = (-1, 28, 28, 1)
out_shape, net_params = net_init(rng, in_shape)
```

우선 serial 함수를 사용하여 여러 레이어를 순차적으로 연결합니다. 네트워크는 두 개의 합성곱 레이어(각각 32개와 64개의 필터), ReLU 활성화 함수, 최대 풀링, 평탄화 레이어, 두 개의 완전연결 레이어(128개와 10개의 뉴런), 그리고 마지막으로 로그 소프트맥스 레이어로 구성됩니다.

net_init과 net_apply 함수를 생성하여 네트워크를 초기화하고 적용할 수 있게 합니다. 그 후, 랜덤 시드를 생성하고 입력 형태를 정의합니다. 여기서 첫 번째 차원은 −1로 설정되어 배치 크기에 구애받지 않도록 합니다. 마지막으로 net_init 함수를 호출하여 네트워크 매개변수를 초기화하고, 출력 형태와 초기화된 매개변수를 얻습니다.

모델을 정의했다면 이제는 신경망 학습을 위한 최적화 설정과 손실 함수를 정의합니다.

```
from jax.example_libraries import optimizers
from jax import grad

# 옵티마이저 초기화 및 업데이트 기능 설정
opt_init, opt_update, get_params = optimizers.momentum(step_size=1e-3, mass=0.9)

def softmax_cross_entropy(preds, labels):
    x = labels * preds
    return -jnp.where(labels == 0, 0, x).sum(-1)
```

JAX의 `optimizers` 모듈에서 모멘텀momentum 최적화기를 가져와 초기화합니다. `opt_init`, `opt_update`, `get_params` 함수를 설정하여 최적화 과정을 관리합니다. 학습률(`step_size`)은 0.001, 모멘텀(`mass`)은 0.9로 설정합니다. 그다음, `softmax_cross_entropy` 함수를 정의하여 소프트맥스 크로스 엔트로피 손실을 계산합니다. 이 함수는 예측값(`preds`)과 실제 레이블(`labels`)을 입력으로 받아, 레이블이 0인 경우를 제외하고 예측값과 레이블의 곱을 계산한 후 그 합의 음수를 반환합니다. 이는 다중 클래스 분류 문제에서 자주 사용되는 손실 함수로, 모델의 예측이 실제 클래스와 얼마나 잘 일치하는지를 측정합니다.

4.1.5 학습 및 평가 준비

네트워크를 정의했다면 모델 학습에 필요한 함수들을 정의해야 합니다. 모델 학습을 위해 지표 계산 함수가 필요하며 학습을 진행할 때 필요한 역전파도 구현해야 합니다. 마지막으로 학습시킨 모델을 평가하기 위해 필요한 함수를 구현해 손실과 정확도를 예측해야 합니다.

가장 먼저 모델의 성능을 평가하기 위한 `compute_metrics` 함수를 정의합니다.

```
def compute_metrics(preds, labels):
  loss = jnp.mean(softmax_cross_entropy(preds, jax.nn.one_hot(labels, num_classes
=10)))
  accuracy = jnp.mean(jnp.argmax(preds, -1) == labels)
  metrics = {
    'loss': loss,
```

```
    'accuracy': accuracy
  }
  return metrics
```

이 함수는 모델의 예측값(`preds`)과 실제 레이블(`labels`)을 입력으로 받아 손실(`loss`)과 정확도(`accuracy`)를 계산합니다. 손실 계산을 위해 앞서 정의한 `softmax_cross_entropy` 함수를 사용하는데, 이때 레이블을 원-핫 인코딩으로 변환합니다. 정확도는 예측값 중 가장 높은 확률을 가진 클래스와 실제 레이블이 일치하는 비율로 계산됩니다. 두 메트릭 모두 배치의 평균을 사용합니다. 계산된 손실과 정확도는 딕셔너리 형태로 반환되어, 학습 과정에서 모델의 성능을 쉽게 모니터링할 수 있게 합니다.

다음으로 `train_step` 함수는 한 배치에 대한 학습 단계를 수행합니다.

```
@jax.jit
def train_step(i, state, batch):
  def loss_fn(params):
    logits = net_apply(params, batch['image'])
    loss = jnp.mean(softmax_cross_entropy(logits,
                              jax.nn.one_hot(batch['label'], num_classes=10))
    )
    return loss, logits

  params = get_params(state)
  grad_fn = jax.value_and_grad(loss_fn, has_aux=True)
  (_, logits), grads = grad_fn(params)
  state = opt_update(i, grads, state)
  metrics = compute_metrics(logits, batch['label'])
  return state, metrics
```

내부에서 `loss_fn`을 정의하여 네트워크의 출력(`logits`)을 계산하고 손실을 계산합니다. 그 후 JAX의 `value_and_grad` 함수를 사용하여 손실 함수의 값과 그레이디언트를 동시에 계산합니다. 계산된 그레이디언트를 사용하여 옵티마이저의 `opt_update` 함수로 모델 매개변수를 업데이트합니다. 마지막으로 `compute_metrics` 함수를 호출하여 현재 배치에 대한 성능 지표를 계산합니다. 이 함수는 업데이트된 상태(`state`)와 계산된 메트릭을 반환합니다.

끝으로 `eval_step` 함수는 모델의 평가 단계를 수행합니다.

```
@jax.jit
def eval_step(state, batch):
  params = get_params(state)
  logits = net_apply(params, batch['image'])
  return compute_metrics(logits, batch['label'])
```

먼저 `get_params` 함수를 사용하여 현재 상태에서 모델 매개변수를 추출합니다. 그다음
`net_apply` 함수를 호출하여 주어진 배치의 이미지에 대한 모델의 예측(`logits`)을 계산
합니다. 마지막으로 `compute_metrics` 함수를 사용하여 이 예측과 실제 레이블 간의 성
능 지표를 계산합니다. `train_step` 함수와 달리 `eval_step`은 매개변수를 업데이트하
지 않고 단순히 현재 모델의 성능을 평가합니다.

4.1.6 학습 및 평가

학습 단계를 위한 준비를 마쳤다면 이제는 학습 루프를 만들고 본격적인 학습에 필요
한 함수들을 정의할 것입니다. 함수들을 만들었다면 10에폭 정도 학습을 진행해 학습
및 평가 메트릭을 프로세스 전반에 걸쳐 기록할 것입니다.

```
# 매개변수 초기화
state = opt_init(net_params)

def train_loop(state, train_ds, batch_size, epoch, rng):
  train_ds_size = len(train_ds['image'])
  steps_per_epoch = train_ds_size // batch_size

  perms = jax.random.permutation(rng, train_ds_size)
  perms = perms[:steps_per_epoch * batch_size] # 완성되지 않은 배치는 생략
  perms = perms.reshape((steps_per_epoch, batch_size))

  batch_metrics = []
  for i, perm in enumerate(perms):
    batch = {k: v[perm, ...] for k, v in train_ds.items()}
    state, metrics = train_step(i, state, batch)
    batch_metrics.append(metrics)
```

```
training_batch_metrics = jax.device_get(batch_metrics)
training_epoch_metrics = {
    k: sum([metrics[k] for metrics in training_batch_metrics])/steps_per_epoch
    for k in training_batch_metrics[0]}

print('EPOCH: %d\nTraining loss: %.4f, accuracy: %.2f' % (epoch, training_
epoch_metrics['loss'], training_epoch_metrics['accuracy'] * 100))
    return state
```

전체 학습 과정을 관리하는 `train_loop` 함수를 정의합니다. 먼저 최적화기를 초기화하고, 학습 데이터셋의 크기와 배치 크기를 기반으로 한 에폭당 스텝 수를 계산합니다. 그 후 JAX의 랜덤 순열 기능을 사용하여 데이터를 섞습니다. 학습 루프에서는 각 배치에 대해 `train_step` 함수를 호출하여 모델을 학습시키고 메트릭을 수집합니다. 에폭이 끝나면 수집된 메트릭의 평균을 계산하여 에폭의 전체 성능을 평가합니다. 마지막으로 에폭 번호, 평균 손실, 정확도를 출력합니다.

이 함수는 한 에폭의 학습을 수행하고 업데이트된 모델 상태를 반환합니다. 이러한 구조는 효율적인 배치 처리와 랜덤 샘플링을 통해 모델의 학습을 최적화하며, 각 에폭마다 성능을 모니터링할 수 있게 합니다.

`eval_loop` 함수는 테스트 데이터셋과 현재 모델 상태를 입력으로 받아 모델의 성능을 평가합니다.

```
def eval_loop(state, test_ds, batch_size):
    eval_ds_size = test_ds['image'].shape[0]
    steps_per_epoch = eval_ds_size // batch_size
    batch_metrics = []
    for i in range(steps_per_epoch):
        batch = {k: v[i*batch_size:(i+1)*batch_size, ...] for k, v in test_ds.items()}
        metrics = eval_step(state, batch)
        batch_metrics.append(metrics)
    eval_batch_metrics = jax.device_get(batch_metrics)
    eval_batch_metrics = {
        k: sum([metrics[k] for metrics in eval_batch_metrics])/steps_per_epoch
        for k in eval_batch_metrics[0]}
```

```
    print('    Eval loss: %.4f, accuracy: %.2f' % (eval_batch_metrics['loss'],
eval_batch_metrics['accuracy'] * 100))
```

먼저 테스트 데이터셋의 크기와 배치 크기를 기반으로 평가에 필요한 스텝 수를 계산합니다. 그 후 데이터셋을 배치 단위로 나누어 각 배치에 대해 `eval_step` 함수를 호출합니다. 이 과정에서 각 배치의 성능 메트릭을 수집합니다. 평가가 끝나면 수집된 메트릭의 평균을 계산하여 전체 테스트 셋에 대한 모델의 성능을 평가합니다. 마지막으로 평균 손실과 정확도를 출력합니다. 이 함수는 학습 중간이나 학습 후에 모델의 일반화 성능을 평가하는 데 사용될 수 있습니다.

JAX에 랜덤 키를 분할해 새로운 시드를 생성하고 `train_loop` 함수와 `eval_loop` 함수를 적용해 모델을 학습하고 성능을 평가해보겠습니다. 실제 학습한 결과는 다음과 같이 출력되었습니다.

```
train_epoch = 10
batch_size = 64
eval_batch_size = 100
for epoch in range(train_epoch):
    rng, key = jax.random.split(rng)
    state = train_loop(state, train_ds, batch_size, epoch, rng)
    eval_loop(state, test_ds, eval_batch_size)
```
```
EPOCH: 0
Training loss: 0.4390, accuracy: 87.67
    Eval loss: 0.2015, accuracy: 93.86
EPOCH: 1
Training loss: 0.1744, accuracy: 94.79
    Eval loss: 0.1280, accuracy: 96.22
EPOCH: 2
Training loss: 0.1219, accuracy: 96.32
    Eval loss: 0.0940, accuracy: 97.02
...
EPOCH: 9
Training loss: 0.0351, accuracy: 98.93
    Eval loss: 0.0453, accuracy: 98.41
```

추론

추론을 진행하기 앞서 학습된 모델을 사용하여 테스트 데이터셋의 일부 이미지에 대한 예측을 수행하고, 그 결과를 시각화합니다.

```python
import matplotlib.pyplot as plt # 3.1.8절과 유사하게 맞춤

@jax.jit
def pred_step(state, batch):
  params = get_params(state)
  logits = net_apply(params, batch)
  return logits.argmax(axis=1)

pred = pred_step(state, test_ds['image'][:25])

fig, axs = plt.subplots(5, 5, figsize=(12, 12))
for i, ax in enumerate(axs.flatten()):
  ax.imshow(test_ds['image'][i], cmap='gray')
  ax.set_title(f"label={pred[i]}")
  ax.axis('off')
```

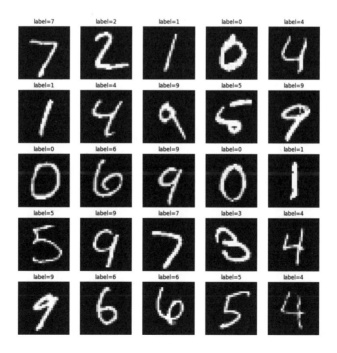

코드를 살펴보면 `pred_step` 함수를 정의하고 JAX의 `@jit` 데커레이터로 컴파일합니다. 이 함수는 모델의 현재 상태와 입력 배치를 받아 예측을 수행합니다. 모델의 출력에서 가장 높은 확률을 가진 클래스를 선택하여 예측 결과로 반환합니다. 그다음, 테스트 데이터셋의 처음 25개 이미지에 대해 예측을 수행합니다.

마지막으로 matplotlib을 사용하여 5×5 그리드의 서브플롯을 생성하고, 각 서브플롯에 예측 결과와 함께 이미지를 표시합니다. 각 이미지는 그레이스케일로 표시되며, 제목으로 예측된 레이블이 표시됩니다.

4.2 ResNet

3.1절에서는 CNN 모델을 사용하여 간단한 이미지 분류 모델을 학습하고 결과를 확인해봤습니다. 이번 절에서는 앞의 CNN 모델보다 조금 더 복잡한 ResNet 모델을 구현하고 학습해보려고 합니다.

ResNetresidual network은 스킵 연결skip connection을 통해 잔차를 학습하는 신경망 모델입니다. 2015년 논문[1]에서 해당 모델이 나오기 전까지, 기울기 소실/폭주gradient vanishing/explosion로 인해 레이어가 깊어질수록 오히려 성능이 낮아지는 현상이 발생했습니다. ResNet은 다음 그림의 잔차 학습residual learning이라는 개념을 도입하여 이 문제를 해결했으며, 아직까지도 많은 모델에서 응용되고 있습니다. 예시를 하나 들면 다음 그림과 같습니다.[2]

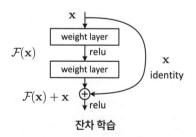

잔차 학습

---

1   https://arxiv.org/abs/1512.03385
2   https://www.cv-foundation.org/openaccess/content_cvpr_2016/papers/He_Deep_Residual_Learning_CVPR_2016_paper.pdf

예제에서는 MNIST 데이터셋을 이용하여 이미지를 생성합니다. 코드는 다음과 같은 주요 단계로 구성됩니다.

- 필요한 패키지 로드
- MNIST 데이터셋 로드
- ResNet 모델 정의
- 메트릭 정의
- `TrainState` 초기화
- 학습 방법 정의
- 학습

4.2.1 패키지 로드하기

앞선 예제들과 같이 기본적인 패키지를 로드합니다.

```
import jax
import flax
import optax
```

4.2.2 데이터 로드하기

CNN 예제와 같이 해당 예제에서도 허깅 페이스 데이터셋을 활용합니다. `datasets` 패키지를 통해 MNIST 데이터셋을 불러오고 `with_format` 메서드를 활용하여 JAX 형태의 포맷을 지정합니다. 이전 예제처럼 로드된 데이터셋을 학습 셋과 테스트 셋으로 분리한 후 정규화합니다.

```
import jax.numpy as jnp
from datasets import load_dataset

def get_datasets():
    datasets = load_dataset("mnist")
```

```
    datasets = datasets.with_format("jax")
    datasets = {
        "train": {
            "image": datasets["train"]["image"][...,None].astype(jnp.
float32)/255,
            "label": datasets["train"]["label"],
        },
        "test": {
            "image": datasets["test"]["image"][...,None].astype(jnp.float32)/255,
            "label": datasets["test"]["label"],
        },
    }
    return datasets['train'], datasets['test']
```

앞에서 정의한 함수를 수행하여 학습 데이터셋, 테스트 데이터셋을 불러옵니다.

```
train_ds, test_ds = get_datasets()
```

4.2.3 모델 정의 및 초기화

이제 ResNet 모델을 구현해봅시다. 우선 필요한 패키지를 호출합니다. 1.3절에서 다뤘던 functools와 typing 라이브러리도 같이 사용합니다.

```
from functools import partial
from typing import Any, Callable, Sequence, Tuple
from flax import linen as nn
import jax.numpy as jnp

ModuleDef = Any
```

ResNet 모델은 레이어의 깊이에 따라 ResNet50, ResNet101, ResNet152 등 많은 모델이 존재합니다. 이 중 레이어 50개로 이루어진 ResNet 모델을 구현해보겠습니다.

ResNet을 구현하기 위해서 하나의 블록 기능을 정의하는 ResNetBlock 클래스를 구현한 후 블록을 사용하여 모델 전체 형식을 정의하는 ResNet 클래스를 구현합니다.

❶ ResNetBlock

먼저 `ResNetBlock` 클래스를 구현해봅시다.

```python
class ResNetBlock(nn.Module):
    filters: int
    conv: ModuleDef
    norm: ModuleDef
    act: Callable
    strides: Tuple[int, int] = (1, 1)

    @nn.compact
    def __call__(self, x):
        residual = x
        y = self.conv(self.filters, (1, 1))(x)
        y = self.norm()(y)
        y = self.act(y)
        y = self.conv(self.filters, (3, 3), self.strides)(y)
        y = self.norm()(y)
        y = self.act(y)
        y = self.conv(self.filters * 4, (1, 1))(y)
        y = self.norm(scale_init=nn.initializers.zeros_init())(y)

        if residual.shape != y.shape:
            residual = self.conv(self.filters * 4, (1, 1),
                                 self.strides)(residual)
            residual = self.norm()(residual)

        return self.act(residual + y)
```

먼저 입력으로 받는 `filters`, `conv`, `norm`, `act`, `strides`를 살펴봅시다. `filters`와 `strides`를 통해 합성곱 레이어의 매개변수 `filters`와 `strides`를 정의합니다. `conv`와 `norm`은 형식이 `MuduleDef`라고 정의되어 있습니다. 패키지를 호출하는 부분에서 `ModuleDef` 변수를 `Any` 타입이라고 지정했는데, `typing.Any`는 어떤 타입이든 다 가능한 형식입니다. 모델을 구현할 때 해당 모듈이 사용자가 작성한 모듈임을 표기_{notation}하기 위해 사용했습니다. 각각의 변수는 이름에서 알 수 있듯이 `conv`는 합성곱 레이어, `norm`은 정규화 레이어, `act`는 활성화 함수를 의미합니다.

모델 구현 부분은 간단합니다. 합성곱 레이어 → 정규화 레이어 → 활성화 함수의 순서대로 3번 쌓아 병목bottleneck 구조로 만들어줍니다. 합성곱 레이어의 커널 크기를 (1, 1) → (3, 3) → (1, 1)의 형태로 만들어 매개변수 수를 줄여 계산을 효율적으로 진행하고, 과적합에서 벗어날 수 있게 합니다. 이렇게 만들어진 블록의 마지막에는 조건문을 통해 그림에서 봤던 잔차학습 개념을 적용합니다. 잔차학습은 $f(x) + x$라는 스킵 연결을 말하는데, 클래스의 반환 부분에 표현되어 있습니다. 하지만 반환 부분의 residual + y처럼 처리하기 위해서는 둘의 차원이 동일해야 합니다. 이를 맞춰주기 위해 만약 둘의 차원이 다를 경우 합성곱 레이어를 통해 차원을 맞춰줍니다.

❷ ResNet

이번에 구현할 ResNet 클래스는 3.1절에서 구현한 ResnetBlock을 반복문을 통해 쌓아주는 역할을 합니다. 코드는 다음과 같습니다.

```
class ResNet(nn.Module):
    stage_sizes: Sequence[int]
    block_cls: ModuleDef
    num_classes: int = 10
    num_filters: int = 64
    dtype: Any = jnp.float32
    act: Callable = nn.relu
    conv: ModuleDef = nn.Conv

    @nn.compact
    def __call__(self, x, train: bool = True):
        conv = partial(self.conv, use_bias=False, dtype=self.dtype)
        norm = partial(nn.BatchNorm,
                       use_running_average=not train,
                       momentum=0.9,
                       epsilon=1e-5,
                       dtype=self.dtype)

        # stage-1
        x = conv(self.num_filters, (7, 7), (2, 2),
                 padding=[(3, 3), (3, 3)])(x)
        x = norm()(x)
```

```
    x = nn.relu(x)
    x = nn.max_pool(x, (3, 3), strides=(2, 2), padding='SAME')

    # stage-2,3,4,5
    for i, block_size in enumerate(self.stage_sizes):
        for j in range(block_size):
            strides = (2, 2) if i > 0 and j == 0 else (1, 1)
            x = self.block_cls(self.num_filters * 2 ** i,
                              strides=strides,
                              conv=conv,
                              norm=norm,
                              act=self.act)(x)
    x = jnp.mean(x, axis=(1,2))
    x = nn.Dense(self.num_classes, dtype=self.dtype)(x)
    x = jnp.asarray(x, self.dtype)
    return x
```

입력으로 받는 변수들을 하나하나 살펴봅시다.

- `stage_sizes`: 각 단계에서의 ResNet 블록 수를 나타냅니다. ResNet은 이어서 볼 표와 같이 5단계로 나뉘어 있고, 첫 conv1 단계 이후에는 모델의 깊이에 따라 다르게 정의됩니다. 리스트 형식이며, 50레이어 모델의 경우 `stage_sizes` 값은 [3, 4, 6, 3]입니다.

- `block_cls`: 블록의 종류를 나타냅니다. ResNet 논문의 경우 18, 34레이어는 병목 구조를 사용하지 않고, 50레이어 이상의 모델은 병목 구조를 사용했습니다. 이 책에서는 50레이어 모델을 구현하므로 `ResNetBlock`에 병목 구조를 적용한 클래스만 구현했습니다.

- `num_classes`: 출력 레이어에서 분류할 클래스 수를 나타냅니다. MNIST의 경우 10개의 클래스가 있으므로 기본값을 10으로 지정했습니다.

- `num_filters`: 첫 번째 합성곱 레이어의 필터(또는 채널) 수를 나타냅니다. 기본값으로 64를 사용합니다.

- `dtype`: 사용되는 데이터 타입을 나타냅니다. 여기서는 `jnp.float32`를 기본값으로 사용하며, 이는 JAX 라이브러리의 `float32` 타입을 의미합니다.

- **act**: 활성화 함수를 나타냅니다. 기본적으로 ReLU 활성화 함수를 사용합니다.
- **conv**: 합성곱 레이어의 구현을 나타냅니다. 기본적으로 표준 합성곱 레이어를 사용하며, 필요에 따라 다른 종류의 합성곱 레이어로 변경할 수 있습니다.

이어서 2015년 논문에 나온 표를 살펴보겠습니다.

ResNet 아키텍처

layer name	output size	18-layer	34-layer	50-layer	101-layer	152-layer
conv1	112×112			7×7, 64, stride 2		
conv2_x	56×56			3×3 max pool, stride 2		
		$\begin{bmatrix} 3 \times 3, 64 \\ 3 \times 3, 64 \end{bmatrix} \times 2$	$\begin{bmatrix} 3 \times 3, 64 \\ 3 \times 3, 64 \end{bmatrix} \times 3$	$\begin{bmatrix} 1 \times 1, 64 \\ 3 \times 3, 64 \\ 1 \times 1, 256 \end{bmatrix} \times 3$	$\begin{bmatrix} 1 \times 1, 64 \\ 3 \times 3, 64 \\ 1 \times 1, 256 \end{bmatrix} \times 3$	$\begin{bmatrix} 1 \times 1, 64 \\ 3 \times 3, 64 \\ 1 \times 1, 256 \end{bmatrix} \times 3$
conv3_x	28×28	$\begin{bmatrix} 3 \times 3, 128 \\ 3 \times 3, 128 \end{bmatrix} \times 2$	$\begin{bmatrix} 3 \times 3, 128 \\ 3 \times 3, 128 \end{bmatrix} \times 4$	$\begin{bmatrix} 1 \times 1, 128 \\ 3 \times 3, 128 \\ 1 \times 1, 512 \end{bmatrix} \times 4$	$\begin{bmatrix} 1 \times 1, 128 \\ 3 \times 3, 128 \\ 1 \times 1, 512 \end{bmatrix} \times 4$	$\begin{bmatrix} 1 \times 1, 128 \\ 3 \times 3, 128 \\ 1 \times 1, 512 \end{bmatrix} \times 8$
conv4_x	14×14	$\begin{bmatrix} 3 \times 3, 256 \\ 3 \times 3, 256 \end{bmatrix} \times 2$	$\begin{bmatrix} 3 \times 3, 256 \\ 3 \times 3, 256 \end{bmatrix} \times 6$	$\begin{bmatrix} 1 \times 1, 256 \\ 3 \times 3, 256 \\ 1 \times 1, 1024 \end{bmatrix} \times 6$	$\begin{bmatrix} 1 \times 1, 256 \\ 3 \times 3, 256 \\ 1 \times 1, 1024 \end{bmatrix} \times 23$	$\begin{bmatrix} 1 \times 1, 256 \\ 3 \times 3, 256 \\ 1 \times 1, 1024 \end{bmatrix} \times 36$
conv5_x	7×7	$\begin{bmatrix} 3 \times 3, 512 \\ 3 \times 3, 512 \end{bmatrix} \times 2$	$\begin{bmatrix} 3 \times 3, 512 \\ 3 \times 3, 512 \end{bmatrix} \times 3$	$\begin{bmatrix} 1 \times 1, 512 \\ 3 \times 3, 512 \\ 1 \times 1, 2048 \end{bmatrix} \times 3$	$\begin{bmatrix} 1 \times 1, 512 \\ 3 \times 3, 512 \\ 1 \times 1, 2048 \end{bmatrix} \times 3$	$\begin{bmatrix} 1 \times 1, 512 \\ 3 \times 3, 512 \\ 1 \times 1, 2048 \end{bmatrix} \times 3$
	1×1			average pool, 1000-d fc, softmax		
FLOPs		1.8×10^9	3.6×10^9	3.8×10^9	7.6×10^9	11.3×10^9

표를 보면 모델은 5단계로 나뉘어 있습니다. 모든 모델에 stage-1은 공통으로 들어가 있습니다. 코드에서도 stage-1은 `stage_sizes`와 상관없이 작성됩니다. 코드 stage-2~5 부분을 살펴보면 `stage_sizes`를 통해 모델을 구성합니다. 표를 보면 합성곱 레이어의 필터값이 `stage`에 따라 달라지는데, 코드에서는 `self.num_filters * 2 ** i` 부분에서 필터값을 계산하여 넣어줍니다. 이후 Dense 레이어를 통과하여 최종값을 계산합니다.

코드를 좀 더 살펴보면 모델의 입력으로 `x`와 `train`을 받는 것을 알 수 있습니다. `x`는 모델이 처리할 입력 데이터입니다. `train`은 배치 정규화에 사용되는 변수로 학습을 진행할 것인지 아닌지 선택하는 변수입니다.

여기까지가 `ResNet-50`에 대한 설명입니다.

4.2.4 메트릭 정의하기

이 부분은 앞의 CNN 예제와 같습니다. `optax.softmax_cross_entropy` 함수를 사용하여 최적화해야 하는 손실값을 계산합니다. 계산은 예측된 로짓값과 참값인 라벨의 비교를 통해 이루어집니다. 이 태스크에서 사용한 메트릭은 정확도입니다.

```python
def compute_metrics(logits, labels):
    loss = jnp.mean(optax.softmax_cross_entropy(logits,
                    jax.nn.one_hot(labels, num_classes=10)))
    accuracy = jnp.mean(jnp.argmax(logits, -1) == labels)
    metrics = {
        'loss': loss,
        'accuracy': accuracy
    }
    return metrics
```

4.2.5 TrainState 초기화

앞선 Flax 튜토리얼에서 `TrainState`를 통해 모델 매개변수, 옵티마이저 등 학습에 필요한 여러 요소를 캡슐화하여 관리한다고 했습니다. 앞선 CNN의 예제와 달리 ResNet에서는 `batch_stats` 변수가 추가됐습니다. 배치 정규화는 학습 중 미니 배치의 통계를 계산하고, 이를 사용하여 입력 데이터를 정규화합니다.

Flax에서는 `batch_stats`를 통해 배치 정규화 레이어의 내부 상태를 추적합니다. 파이토치나 텐서플로와 같은 다른 프레임워크에서는 내부 상태를 자동으로 관리하기도 하지만, Flax는 사용자에게 더 많은 제어력을 주는 대신 명시적인 상태 관리를 요구합니다.

이제 코드를 통해 더 자세히 살펴봅시다.

```python
from flax.training import train_state
```

```
# 모델 초기화
rng = jax.random.PRNGKey(0)
model = partial(ResNet, stage_sizes=[3, 4, 6, 3],
                block_cls=BottleneckResNetBlock)
rng, key = jax.random.split(rng)
variables = model().init(key, jnp.ones((1, 28, 28, 1)), train=False)
params = variables['params']
batch_stats = variables['batch_stats']

# 옵티마이저
b1 = 0.9
b2 = 0.999
learning_rate = 0.001
tx = optax.adam(learning_rate=learning_rate, b1=b1, b2=b2)

# TrainState 초기화
class TrainState(train_state.TrainState):
    batch_stats: Any

state = TrainState.create(
    apply_fn=model().apply,
    params=params,
    batch_stats=batch_stats,
    tx=tx,
)
```

TrainState에는 정의된 모델, 매개변수, 학습되는 변수, 옵티마이저가 들어 있습니다. 이를 위해 '모델 초기화·옵티마이저 정의 → TrainState 초기화' 순으로 진행해줍니다.

먼저 모델 초기화 부분을 봅시다. 다시 한번 말하지만 JAX의 모든 랜덤 인스턴스 생성에는 RNG 키 값이 필요하기 때문에 RNG 키를 정의해줍니다. functools의 partial을 사용하여 모델을 정의해준 후 모델에 RNG 키와 입력 데이터(더미 변수), 배치 정규화의 train 여부를 넣어줍니다. 이 과정을 거쳐 나온 variables라는 변수에서 params와 batch_stats를 추출합니다. 옵티마이저는 Adam을 사용했습니다.

이제 TrainState를 초기화해봅시다. Flax에서 기본으로 제공하는 TrainState에는 batch_stats가 없습니다. 이 문제를 해결하기 위해 TrainState 클래스를 만들어 Flax

의 `TrainState`를 상속받아 `batch_stats`를 추가해줍니다. 이제 `TrainState.create()`를 통해 상태를 생성해줍니다.

4.2.6 훈련 스텝과 평가 스텝 정의하기

`TrainState`를 초기화했으니 이제 훈련 스텝과 평가 스텝을 정의해봅시다. `train_step`을 정의하기 앞서 함수에 JIT 컴파일을 적용하기 위해 `@jax.jit` 데커레이터를 사용합니다. `train_step` 함수는 모델의 상태인 `state`와 데이터 배치를 나타내는 `batch`를 입력으로 받습니다.

JAX의 경우 손실 함수를 따로 적용해야 하기 때문에 `loss_fn`으로 정의합니다. `loss_fn` 내부에는 모델에 이미지 배치를 전달해서 손실을 계산합니다. 손실 함수를 정의했으면 `jax.value_and_grad`로 손실값과 그레이디언트를 구합니다. 이후 `state.apply_gradients`로 그레이디언트를 업데이트하고 배치의 경우 `state.replace()`를 사용해 업데이트합니다. 마지막으로 앞에서 정의한 메트릭으로 평가 지표를 계산합니다.

`eval_step`도 `train_step`과 동일하게 `@jax.jit`을 사용하거나 `state`와 `batch`를 입력받는 것은 동일하나 `state.apply_fn`을 진행할 때 평가이기 때문에 `train=False`로 지정해야 하며, 업데이트하지 않고 바로 메트릭으로 평가 지표를 계산합니다.

```
@jax.jit
def train_step(state, batch):
    def loss_fn(params):
        logits, updates = state.apply_fn({'params': params, 'batch_stats': state.
batch_stats},
                               x=batch['image'], train=True, mutable=['batch_
stats'])
        loss = jnp.mean(optax.softmax_cross_entropy(
            logits=logits,
            labels=jax.nn.one_hot(batch['label'], num_classes=10))
        )
        return loss, (logits, updates)

    grad_fn = jax.value_and_grad(loss_fn, has_aux=True)
```

```
    (_, (logits, updates)), grads = grad_fn(state.params)
    state = state.apply_gradients(grads=grads)
    state = state.replace(batch_stats=updates['batch_stats'])

    metrics = compute_metrics(logits, batch['label'])
    return state, metrics

@jax.jit
def eval_step(state, batch):
    logits = state.apply_fn({'params': state.params, 'batch_stats': state.batch_
stats},
                            x=batch['image'], train=False)
    return compute_metrics(logits, batch['label'])
```

4.2.7 모델 학습하기

모델을 학습하기 앞서 이번 실습에서는 학습 루프를 정의합니다. `train_loop` 함수의 경우 상태를 나타내는 `state`, 학습 데이터셋을 나타내는 `train_ds`, 배치 사이즈를 나타내는 `batch_size`, 에폭을 나타내는 `epoch`, 랜덤 인수 `rng`를 입력으로 받습니다. `train_ds_size`로 데이터 이미지 크기를 지정하고 그걸 기반으로 스텝을 정의합니다. 이후에 랜덤을 활용해 데이터셋을 섞고 데이터를 배치 크기에 맞춰서 자르고 분할합니다. 배치를 자른 걸 기반으로 `train_step` 함수를 호출해 모델을 학습하고 `batch_metrics`에 결과를 저장합니다. 배치 단 앞의 메트릭 결과는 에폭 단위로 집계해서 계산하고, 에폭 단 앞의 결과로 출력해서 업데이트된 상태도 반환합니다.

평가 루프도 학습 루프와 마찬가지로 데이터셋을 배치에 맞게 작업을 해주고 평가를 진행합니다. 배치 단위로 학습이 진행되기 때문에 배치 단 앞의 메트릭을 하나의 손실과 정확도로 출력하게 만듭니다.

```
def train_loop(state, train_ds, batch_size, epoch, rng):
    train_ds_size = train_ds['image'].shape[0]
    steps_per_epoch = train_ds_size // batch_size

    perms = jax.random.permutation(rng, train_ds_size)
    perms = perms[:steps_per_epoch * batch_size]  # 완성되지 않은 배치는 생략합니다.
```

```
        perms = perms.reshape((steps_per_epoch, batch_size))

    batch_metrics = []
    for perm in perms:
        batch = {k: v[perm, ...] for k, v in train_ds.items()}
        state, metrics = train_step(state, batch)
        batch_metrics.append(metrics)

    training_batch_metrics = jax.device_get(batch_metrics)
    training_epoch_metrics = {
        k: sum([metrics[k] for metrics in training_batch_metrics])/steps_per_
epoch
        for k in training_batch_metrics[0]}

    print('EPOCH: %d\nTraining loss: %.4f, accuracy: %.2f' % (epoch, training_
epoch_metrics['loss'], training_epoch_metrics['accuracy'] * 100))
    return state

def eval_loop(state, test_ds, batch_size):
    eval_ds_size = test_ds['image'].shape[0]
    steps_per_epoch = eval_ds_size // batch_size

    batch_metrics = []
    for i in range(steps_per_epoch):
        batch = {k: v[i*batch_size:(i+1)*batch_size, ...] for k, v in test_
ds.items()}
        metrics = eval_step(state, batch)
        batch_metrics.append(metrics)

    eval_batch_metrics = jax.device_get(batch_metrics)
    eval_batch_metrics = {
        k: sum([metrics[k] for metrics in eval_batch_metrics])/steps_per_epoch
        for k in eval_batch_metrics[0]}

    print('   Eval loss: %.4f, accuracy: %.2f' % (eval_batch_metrics['loss'],
eval_batch_metrics['accuracy'] * 100))
```

학습 에폭 train_epoch과 배치 사이즈 batch_size, 평가 배치 사이즈 eval_batch_
size를 정의합니다. 이후 에폭의 숫자만큼 반복해주는데, 반복문 안에서는 랜덤 변수
와 키를 분리하고 학습 루프와 평가 루프를 넣고 에폭마다 학습하게 만들어줍니다. 마

지막으로 테스트 정확도를 계산하기 위해 함수를 생성하고 테스트 데이터셋에 적용해서 평가 결과를 출력합니다.

```
%%time

train_epoch = 5
batch_size = 64
eval_batch_size = 100

for epoch in range(train_epoch):
    rng, key = jax.random.split(rng)
    state = train_loop(state, train_ds, batch_size, epoch, rng)
    eval_loop(state, test_ds, eval_batch_size)

@jax.jit
def eval_accuracy(state, batch, labels):
    logits = state.apply_fn({'params': state.params, 'batch_stats': state.batch_
stats}, x=batch, train=False)
    return jnp.mean(jnp.argmax(logits, -1) == labels)

print('accuracy: %.2f' % (eval_accuracy(state, test_ds['image'], test_
ds['label']) * 100))
```

```
EPOCH: 0
Training loss: 0.1744, accuracy: 94.83
    Eval loss: 0.0753, accuracy: 97.57
EPOCH: 1
Training loss: 0.0650, accuracy: 98.06
    Eval loss: 0.0587, accuracy: 98.41
EPOCH: 2
Training loss: 0.0474, accuracy: 98.56
    Eval loss: 0.0474, accuracy: 98.48
EPOCH: 3
Training loss: 0.0415, accuracy: 98.73
    Eval loss: 0.0385, accuracy: 98.80
EPOCH: 4
Training loss: 0.0356, accuracy: 98.92
    Eval loss: 0.0394, accuracy: 98.89
accuracy: 98.89
CPU times: user 1min 36s, sys: 2 s, total: 1min 38s
Wall time: 1min 32s
```

결과 시각화하기

모델이 잘 학습했는지 확인하기 위해 시각화도 진행해보겠습니다. 시각화를 진행하기 앞서 테스트 데이터셋의 이미지에 대한 예측을 수행해야 합니다. 예측을 수행하기 위해서 `state.apply_fn`을 사용하는 함수를 정의해야 하며 해당 함수를 기반으로 테스트 데이터셋을 넣고 예측합니다. 이후 `matplotlib`을 활용해서 시각화를 진행하면 다음과 같은 출력을 얻습니다.

```python
@jax.jit
def pred_step(state, batch):
    logits = state.apply_fn({'params': state.params, 'batch_stats': state.batch_
stats}, x=batch, train=False)
    return logits.argmax(axis=1)

pred = pred_step(state, test_ds['image'][:25])

import matplotlib.pyplot as plt
fig, axs = plt.subplots(5, 5, figsize=(12, 12))
for i, ax in enumerate(axs.flatten()):
    ax.imshow(test_ds['image'][i], cmap='gray')
    ax.set_title(f"label={pred[i]}")
    ax.axis('off')
```

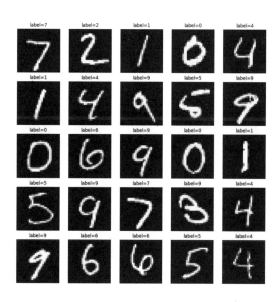

4.3 DCGAN

생성적 적대 신경망generative adversarial network, GAN은 2014년에 이언 굿펠로Ian Goodfellow 등이 발표한 논문에서 처음 소개된 딥러닝 모델입니다. GAN은 생성자generator와 판별자discriminator라는 두 개의 모델을 이용하여 이미지를 생성합니다. 생성자는 무작위 노이즈 벡터를 입력받아 가짜 이미지를 생성하고, 판별자는 이 가짜 이미지와 실제 이미지를 판별하여 가짜 이미지의 진위 여부를 판단합니다.

GAN은 경쟁적 학습competitive learning을 이용하여 생성자와 판별자를 동시에 학습시키는 방법으로, 생성된 이미지가 실제 이미지에 가까워질 때까지 학습을 반복합니다. 이러한 방법으로 생성된 이미지는 매우 실제감이 높아지며, GAN은 이를 이용하여 이미지 생성 분야에서 큰 성과를 이루고 있습니다.

이번 절에서는 Flax를 이용하여 합성곱 레이어로 구성된 **DCGAN**deep convolutional generative adversarial network을 구현해봅니다. 예제에서는 MNIST 데이터셋을 이용하여 이미지를 생성합니다. 코드는 다음과 같은 주요 단계로 구성됩니다.

- 필요한 패키지 로드
- MNIST 데이터셋 로드
- 생성자와 판별자 모델을 정의하고 초기화
- 학습 방법 정의
- `TrainState` 초기화
- 학습

이 예제에서는 생성자와 판별자의 클래스를 각각 구현하고, 두 모델을 경쟁적으로 학습시키는 방법을 보여줍니다.

4.3.1 패키지 로드하기

우선 앞서 진행한 예제들과 같이 기본적인 패키지들을 로드합니다.

```
import jax
import flax
import optax
```

전역으로 사용할 변수를 선언해줍니다. 해당 변수에서 `z_dim`은 `noise`의 차원을 의미합니다.

```
## 전역변수
batch_size = 2048
z_dim = 64
seed = 0
```

> **참고**
>
> 해당 예제는 구글 코랩 Pro+에서 작성되었습니다. 혹시 `cuda_memory allocation` 오류가 발생한다면 `batch_size`를 낮춰서 실습을 진행하세요.

4.3.2 데이터 로드하기

앞선 예제들과 같이 해당 예제에서도 허깅 페이스 데이터셋을 활용합니다. `datasets` 패키지를 통해 MNIST 데이터셋을 불러오고 `with_format` 메서드를 활용하여 JAX 형태의 포맷을 지정합니다.

이번 예제에서는 데이터를 로드하며 데이터의 범위를 −1 ~ 1 사이의 값으로 변경해주는 작업을 수행합니다. 그 이유는 추후에 나올 GAN의 구조와 관계가 있습니다.

```
import jax.numpy as jnp
from datasets import load_dataset

def get_datasets():
    datasets = load_dataset("mnist")
    datasets = datasets.with_format("jax")
    datasets = {
```

```
        "train": {
            "image": (datasets["train"]["image"][...,None].astype(jnp.
float32)/255 - 0.5) / 0.5,
            "label": datasets["train"]["label"],
        }
    }
    return datasets['train']
```

앞에서 정의한 함수를 수행하여 학습 데이터셋을 불러옵니다. 앞선 분류 예제와는 다르게 해당 예제에서는 학습 데이터만을 사용합니다.

```
train_ds = get_datasets()
```

4.3.3 모델 정의 및 초기화

이제 GAN 모델을 구현해봅시다. 우선 필요한 패키지를 호출합니다.

```
from functools import partial
from typing import Any, Callable, Sequence, Tuple

from jax.nn.initializers import normal as normal_init
from flax import linen as nn
import jax.numpy as jnp

ModuleDef = Any
```

이제 이미지를 생성하는 생성자를 만들어보도록 하겠습니다.

```
class Generator(nn.Module):
    features: int = z_dim
    dtype: type = jnp.float32

    @nn.compact
    def __call__(self, z: jnp.ndarray, train: bool = True):
        conv_transpose = partial(nn.ConvTranspose, padding='VALID',
                                 kernel_init=normal_init(0.02), dtype=self.dtype)
```

```
batch_norm = partial(nn.BatchNorm, use_running_average=not train, axis=-1,
                     scale_init=normal_init(0.02), dtype=self.dtype)

z = z.reshape((batch_size, 1, 1, z_dim))
x = conv_transpose(self.features*4, kernel_size=[3, 3], strides=[2, 2])(z)
x = batch_norm()(x)
x = nn.relu(x)
x = conv_transpose(self.features*4, kernel_size=[4, 4], strides=[1, 1])(x)
x = batch_norm()(x)
x = nn.relu(x)
x = conv_transpose(self.features*2, kernel_size=[3, 3], strides=[2, 2])(x)
x = batch_norm()(x)
x = nn.relu(x)
x = conv_transpose(1, [4, 4], [2, 2])(x)
x = jnp.tanh(x)
return x
```

`Generator`는 입력으로는 전역변수로 선언한 `z_dim`을 받습니다. 기본적인 레이어의 구성은 전치 합성곱transposed convolution + 배치 정규화 + `relu`의 구조로 되어 있습니다. 전치 합성곱은 주로 신경망에서 이미지나 특징 맵의 해상도를 높이기 위해 사용되는 레이어입니다. 이는 일반적으로 생성 모델에서 사용되며, 이미지의 해상도를 높이는 데 사용됩니다. 합성곱의 반대 작업을 수행하므로 '전치 합성곱'이라는 이름으로 불립니다. 해당 레이어는 입력을 받아 공간 해상도가 더 큰 출력을 생성하며, 일반적으로 비선형 활성화 함수가 사용됩니다. 이 예제에서는 비선형 활성화 함수로 `relu`를 사용합니다. 그 후 마지막 레이어로 채널 수를 MNIST 예제에 맞게 1로 낮춰주고 비선형 함수로 `tanh`를 사용합니다.

기본적으로 `padding` 옵션은 `'VALID'`로 설정하고 커널은 `normal_init(0.02)`로 초기화했습니다. 여기까지가 생성자에 대한 설명입니다.

생성된 이미지와 실제 이미지를 구분하는 판별자를 작성해보겠습니다.

```
class Discriminator(nn.Module):
    features: int = z_dim
```

```
        dtype: Any = jnp.float32

    @nn.compact
    def __call__(self, x: jnp.ndarray, train: bool = True):
        conv = partial(nn.Conv, kernel_size=[4, 4], strides=[2, 2], padding='VALID',
                    kernel_init=normal_init(0.02), dtype=self.dtype)
        batch_norm = partial(nn.BatchNorm, use_running_average=not train, axis=-1,
                            scale_init=normal_init(0.02), dtype=self.dtype)

        x = conv(self.features)(x)
        x = batch_norm()(x)
        x = nn.leaky_relu(x, 0.2)
        x = conv(self.features*2)(x)
        x = batch_norm()(x)
        x = nn.leaky_relu(x, 0.2)
        x = conv(1)(x)
        x = x.reshape((batch_size, -1))
        return x
```

Discriminator의 기본적인 레이어의 구성은 합성곱 + 배치 정규화 + leaky_relu로 구성되어 있습니다. 각 합성곱의 커널 사이즈는 4×4, stride는 2×2로 같습니다. 커널의 초기화는 생성자와 같은 방식으로 수행되었습니다. 두 번의 레이어 블록을 거친 후 한 개의 채널을 가진 이미지로 만들어주고 이를 1차원으로 변경해줍니다.

여기까지가 판별자에 대한 설명입니다.

4.3.4 학습 방법 정의하기

이번 절에서는 GAN의 학습 방법을 정의합니다. Flax의 TrainState 클래스를 활용하여 GAN의 손실 함수를 정의하고 이를 이용해 매개변수를 업데이트하는 방법에 대해 다룹니다.

GAN의 손실 함수는 생성자 손실generator loss과 판별자 손실discriminator loss로 구성됩니다. 생성자 손실은, 판별자가 생성된 이미지를 실제 이미지로 분류하는 확률의 음의 로그 확률입니다.

반면, 판별자 손실은 실제 이미지를 실제 이미지로 분류하고 생성된 이미지를 가짜 이미지로 분류하는 확률의 음의 로그 확률의 합입니다.

전체 손실 함수는 생성자 손실과 판별자 손실의 합으로 구성됩니다. GAN 학습 과정의 목표는 이 손실 함수를 최소화하는 것입니다.

생성자 손실은 다음과 같은 수식으로 정리할 수 있습니다.

$$L_G = -\log(D(G(z)))$$

여기서 $G(z)$는 생성된 이미지, D는 판별자, 그리고 z는 생성자의 입력 노이즈입니다.

판별자 손실은 다음과 같은 수식으로 정리할 수 있습니다.

$$L_D = -\log(D(x)) - \log(1 - D(G(z)))$$

여기서 x는 실제 이미지이고 $G(z)$는 생성된 이미지입니다.

`generator_step`을 살펴보겠습니다.

```python
def generator_step(generator_state, discriminator_state, key):
    input_noise = jax.random.normal(key, (batch_size, z_dim))

    def loss_fn(params):
        generated_data, mutables = generator_state.apply_fn(
            {'params': params, 'batch_stats': generator_state.batch_stats},
            input_noise, mutable=['batch_stats'])

        logits, _ = discriminator_state.apply_fn(
                {'params': discriminator_state.params,
                'batch_stats': discriminator_state.batch_stats},
                generated_data, mutable=['batch_stats'])

        loss = -jnp.mean(jnp.log(nn.sigmoid(logits)))

        return loss, mutables

    grad_fn = jax.value_and_grad(loss_fn, has_aux=True)
```

```
    (loss, updates), grads = grad_fn(generator_state.params)

    generator_state = generator_state.apply_gradients(
        grads=grads, batch_stats=updates['batch_stats'])

    return generator_state, loss
```

generator_step은 입력값으로 노이즈를 받아서 현재 상태 매개변수를 이용하여 generator_state에 적용하고, 생성된 데이터인 generated_data와 mutables에 대한 정보를 반환받습니다. 그 후, 생성된 데이터를 discriminator_state에 입력값으로 넣어주고 logits를 반환받습니다. 해당 로짓을 이용하여 손실 함수인 loss를 계산합니다.

jax.value_and_grad와 loss_fn을 이용하여 grad_fn을 구하고 grad_fn(generator_state.params)를 이용하여 업데이트에 사용되는 값 (loss, updates), grads를 구해 줍니다.

generator_state.apply_gradients를 이용하여 generator_state에 업데이트된 매개변숫값을 저장해줍니다. 그리고 끝으로 generator_state와 loss를 반환합니다.

discriminator_step을 살펴보겠습니다.

```
def discriminator_step(generator_state, discriminator_state, batch, key):
    input_noise = jax.random.normal(key, (batch_size, z_dim))

    generated_data, _ = generator_state.apply_fn(
        {'params': generator_state.params, 'batch_stats': generator_state.batch_
stats},
        input_noise, mutable=['batch_stats'])

    def loss_fn(params):
        logits_real, mutables = discriminator_state.apply_fn(
            {'params': params, 'batch_stats': discriminator_state.batch_stats},
            batch, mutable=['batch_stats'])

        logits_generated, mutables = discriminator_state.apply_fn(
            {'params': params, 'batch_stats': mutables['batch_stats']},
```

```
            generated_data, mutable=['batch_stats'])

        real_loss = optax.sigmoid_binary_cross_entropy(
            logits_real, jnp.ones((batch_size, 1), dtype=jnp.int32)).mean()
        generated_loss = optax.sigmoid_binary_cross_entropy(
            logits_generated, jnp.zeros((batch_size, 1), dtype=jnp.int32)).mean()

        loss = (real_loss + generated_loss) / 2

        return loss, mutables

    grad_fn = jax.value_and_grad(loss_fn, has_aux=True)
    (loss, updates), grads = grad_fn(discriminator_state.params)

    discriminator_state = discriminator_state.apply_gradients(
        grads=grads, batch_stats=updates['batch_stats'])

    return discriminator_state, loss
```

`discriminator_step`은 실제 데이터와 생성된 데이터를 통해 실제 데이터는 1로, 생성된 데이터는 0으로 분류하도록 학습을 진행합니다. 따라서 실제 데이터에 대해서는 `logits_real`이 1이 되도록 크로스 엔트로피를 설정하고, 생성된 데이터에 대해서는 `logits_generated`가 0이 되도록 크로스 엔트로피를 설정합니다. 앞서 `generator step`과 같이 `grad_fn`을 통해 `loss_fn`에 대한 그레이디언트를 구하고 `discriminator_state`의 매개변수를 업데이트합니다.

4.3.5 TrainState 초기화

```
from flax.training import train_state

class TrainState(train_state.TrainState):
    batch_stats: Any

def create_state(rng, model_cls, input_shape):
    model = model_cls()

    b1 = 0.5
```

```
    b2 = 0.999
    learning_rate = 0.002
    tx = optax.adam(learning_rate=learning_rate, b1=b1, b2=b2)

    variables = model.init(rng, input_shape)

    state = TrainState.create(
        apply_fn=model.apply,
        params=variables['params'],
        batch_stats=variables['batch_stats'],
        tx=tx
    )

    return state

def generate_sample(generator_state, input_noise):
    generated_data = generator_state.apply_fn(
        {'params': generator_state.params,
         'batch_stats': generator_state.batch_stats},
        input_noise, train=False, mutable=False
    )

    return generated_data

rng = jax.random.PRNGKey(0)
key_generator, key_discriminator, key = jax.random.split(rng, 3)

discriminator_state = create_state(key_discriminator, Discriminator, jnp.ones
((batch_size, 28, 28, 1)))
generator_state = create_state(key_generator, Generator, jnp.ones((batch_size, z_
dim)))

generator_input = jax.random.normal(key, (batch_size, z_dim))
```

생성자와 판별자에 대한 두 가지의 `TrainState`를 정의하기 위해 `create_state` 함수를 정의합니다. 함수의 입력으로는 키(유사 난수 생성기 `rng`), 모델 클래스(`model_cls`), 입력 형태(`input_shape`)를 전달합니다. 학습에 사용되는 옵티마이저는 `adam`을 사용했습니다. `TrainState`를 만드는 방법은 이전과 같습니다. `model.init`을 통해 매개변수를 받아오고 이를 통해 `TrainState`를 생성해줍니다.

샘플을 생성하기 위한 함수인 generate_sample을 선언해줍니다. 해당 함수의 입력은 generator_state와 input_noise입니다. generator_state에 input_noise를 주어 생성한 generated_data를 반환해주는 함수입니다.

4.3.6 모델 학습하기

```
from tqdm.notebook import tqdm

def train_loop(generator_state, discriminator_state, train_ds, batch_size, epoch,
key):
    train_ds_size = train_ds['image'].shape[0]
    steps_per_epoch = train_ds_size // batch_size

    perms = jax.random.permutation(rng, train_ds_size)
    perms = perms[:steps_per_epoch * batch_size]
    perms = perms.reshape((steps_per_epoch, batch_size))

    batch_metrics = {
        'generator_loss' : [],
        'discriminator_loss' : []
    }

    with tqdm(total=steps_per_epoch, desc="Training...",
                leave=False) as progress_bar_train:

        for perm in perms:
            # 생성자와 판별자를 위한 RNG 키를 생성합니다.
            key, key_generator, key_discriminator = jax.random.split(key, 3)

            batch_data = train_ds['image'][perm, ...]

            # 생성자 스텝
            generator_state, generator_loss = generator_step(generator_state,
                discriminator_state, key_generator)

            # 판별자 스텝
            discriminator_state, discriminator_loss = discriminator_step(
                generator_state, discriminator_state, batch_data, key_
discriminator)
```

```
                batch_metrics['generator_loss'].append(generator_loss)
                batch_metrics['discriminator_loss'].append(discriminator_loss)

                progress_bar_train.update(1)

        message = f"Epoch: {epoch: <2} | "
        message += f"Generator loss: {sum(batch_metrics['generator_loss']) /
len(batch_metrics['generator_loss']):.3f} | "
        message += f"Discriminator loss: {sum(batch_metrics['discriminator_
loss']) / len(batch_metrics['discriminator_loss']):.3f}"

        progress_bar_train.write(message)

    return generator_state, discriminator_state

train_epoch = 100

for epoch in tqdm(range(1, train_epoch + 1), desc="Epoch...",
                  position=0, leave=True):
    generator_state, discriminator_state = train_loop(generator_state,
discriminator_state, train_ds, batch_size, epoch, key)
```

학습은 다음과 같은 순서로 이루어집니다.

- 배치 단위로 데이터 나누기
- 배치 단위로 스텝 수행
  - 생성자 스텝
  - 판별자 스텝
- 해당 과정을 설정한 에폭만큼 수행

이 예제에서는 에폭을 100회 수행했습니다.

4.3.7 결과 시각화하기

```
import matplotlib.pyplot as plt
```

```
sample = generate_sample(generator_state, generator_input)
sample = sample.reshape((-1, 28, 28))[:100]

fig, axs = plt.subplots(nrows=10, ncols=10, figsize=(10, 10))
for ax, image in zip(sum(axs.tolist(), []), sample):
    ax.imshow(image, cmap='gray', interpolation='nearest')
    ax.axis('off')
plt.tight_layout()
plt.show()
```

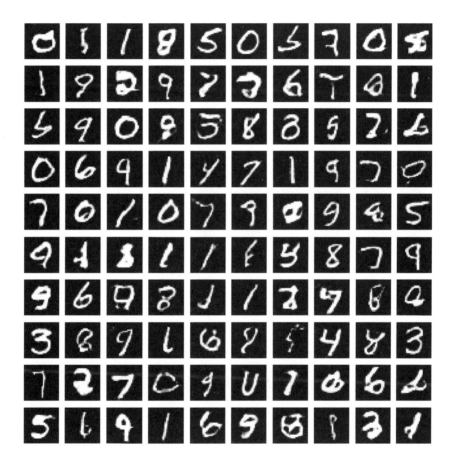

이미지의 생성을 위해 앞에서 정의한 generate_sample을 사용합니다. 생성된 이미지를
살펴보니 몇몇 이미지는 생성이 잘 된 것처럼 보입니다만, 형태를 제대로 알아보기 어려

운 이미지도 있습니다. 이를 보완하기 위해서는 `z_dim` 혹은 `epoch`을 늘려보는 방법이 있습니다.

4.4 CLIP

CLIPContrastive Language-Image Pre-training은 OpenAI에서 개발한 대규모 이미지-텍스트 쌍으로 학습된 멀티모달 신경망입니다. 물체 인식, 자연어 처리, 이미지 캡션 생성 등 다양한 컴퓨터 비전과 자연어 처리 분야에 적용할 수 있으며, 특히 이미지와 텍스트 간의 연관성을 이해하는 데 중점을 두고 설계되었습니다.

CLIP 모델의 특징은 비지도 학습이라는 것입니다. 지도 학습과 달리 라벨을 사용하지 않고 대규모 이미지-텍스트 쌍 데이터셋으로 이미지와 텍스트 쌍 간의 유사성을 측정하여 의미론적 특징을 학습하게 됩니다. 이때 이미지-텍스트 간의 유사성을 최대화하고 서로 다른 이미지-텍스트 쌍 간의 유사성을 최소화하기 위하여 대조 손실contrastive loss을 사용합니다.

다음 페이지의 그림[3]에서 볼 수 있듯이 이미지 인코더를 사용하여 이미지의 피처feature를 추출하고, 텍스트 인코더를 사용하여 텍스트의 피처를 추출합니다. 따라서 학습 후 각각의 인코더를 이미지 분류, 텍스트 분류, 이미지 검색, 텍스트 검색, 이미지 캡션 생성 등 다양한 작업에서 사용할 수 있습니다

또한 CLIP 모델은 새로운 작업을 위해 추가 훈련 없이도 제로 샷 학습zero-shot learning이 가능합니다. 이는 모델이 이전에 본 적이 없는 클래스나 작업에도 적용할 수 있음을 의미합니다.

---

3 https://arxiv.org/abs/2103.00020

(1) Contrastive pre-training

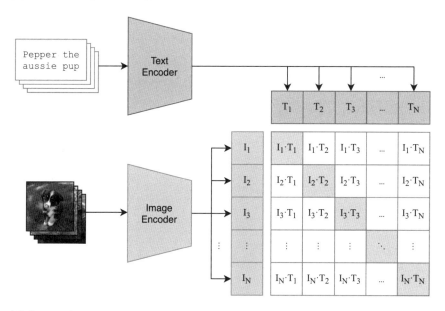

(2) Create dataset classifier from label text

(3) Use for zero-shot prediction

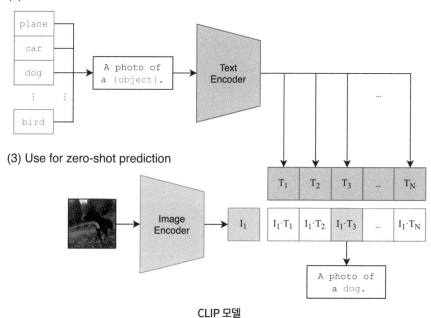

CLIP 모델

더 많은 내용을 보고 싶다면 OpenAI의 CLIP 페이지를 확인해봅시다.

- https://openai.com/research/clip

4.4.1 CIFAR10 데이터셋으로 CLIP 미세조정 진행하기

이번 예시는 CIFAR10 데이터셋을 활용해서 미세조정을 진행할 것입니다. CLIP 미세조정을 진행하기 위해서는 `transformers.FlaxCLIPModel`이 반드시 필요합니다. 허깅 페이스에서 나온 `transformers`는 자연어 처리 분야에서 널리 사용되는 언어 모델입니다. `transformers`는 Transformer 아키텍처를 기반으로 하며, 이는 입력과 출력 사이의 쌍을 학습하는 데 사용됩니다.

`transformers`에 있는 `FlaxCLIPModel`은 Flax로 만들어진 CLIP 모델을 불러올 때 사용합니다. 이번 예제에서 사용할 CLIP은 OpenAI에서 나온 clip-vit-base-patch32입니다. 허깅 페이스는 CLIP뿐만 아니라 Flax로 되어 있는 다양한 모델을 갖고 있으며 다음 주소에서 확인 가능합니다.

- https://huggingface.co/models?library=jax

CLIP을 미세조정하기 위해서는 다음과 같은 절차를 거쳐야 합니다.

- JAX로 만들어진 데이터 구축 클래스
- CLIP 모델 불러오기
- 모델에 필요한 학습 메서드 정의하고 훈련하기

이번 절에서는 간단하게 미세조정을 진행하지만 해당 코드를 응용하면 다양한 모델을 Flax로 미세조정이 가능하니 다양한 실험을 진행하는 걸 추천합니다.

4.4.2 JAX로 만들어진 데이터셋 구축 클래스

CIFAR10의 경우 학습 데이터 숫자가 50,000개이며 테스트 데이터 숫자는 10,000개입니다. 해당 데이터 숫자는 CLIP 모델을 미세조정하기에는 수가 작은 편입니다.

그러므로 이미지를 증강하는 라이브러리인 **Albumentations**[4]를 활용해서 데이터 증강 augmentation을 진행합니다. 코랩에는 이미 설치되어 있는 라이브러리입니다.

Albumentations는 파이썬으로 작성된 이미지 편집 라이브러리로 이미지 데이터셋에 다양한 변형을 적용시켜 이미지의 크기, 밝기, 색상 위치 등을 변경할 수 있습니다.

이 책에서 적용한 Albumentations는 크게 2가지입니다.

- HorizontalFlip: 50% 확률로 좌우로 반전
- PadIfNeeded RandomCrop: 100% 확률로 패딩을 해준 다음 랜덤하게 자르기

한편 이번에 사용한 데이터셋 라이브러리는 허깅 페이스 `datasets`입니다. 허깅 페이스 `datasets`를 사용한 이유는 가장 쉽게 데이터셋을 불러올 수 있는 라이브러리이기 때문입니다.

4.4.3 이미지 데이터 구축 함수 뜯어보기

곧이어 살펴볼, 데이터셋 구축 클래스의 `gen_jax_w_alb_provider` 내 `provider` 함수에서 데이터셋을 구축하는 법을 볼 수 있습니다. 해당 함수에서는 셔플이 필요한 경우 `index`들을 통해 섞어줍니다. 그리고 학습을 진행할 때 배치 사이즈에 맞게 잘라서 변환해 `batch_data`로 만들어줍니다.

학습 데이터는 Albumentations를 이용해서 데이터에 변형을 적용합니다. 이때 데이터에는 편집만 적용되는 것이므로 데이터의 크기가 늘어나지는 않습니다. 그리고 이미지 데이터셋을 CPU에 전달합니다. 그다음 데이터를 정규화하고 샤딩을 진행합니다. 마지막으로, 샤딩된 데이터를 GPU에 전달합니다.

```
!pip install datasets

from functools import partial
```

---

4 https://github.com/albumentations-team/albumentations

```python
import albumentations as A
import datasets
from flax.jax_utils import prefetch_to_device
import jax
import jax.numpy as jnp
import numpy as np


# 학습에 사용할 디바이스가 여러 개인 경우 샤딩을 사용합니다.
def shard(x, devices):
    B, *D = x.shape
    num_devices = len(devices)
    return jnp.reshape(x, [num_devices, B // num_devices, *D])


class build_dataset_providers:
    def __init__(self, rng, dtype=jnp.float32, test_only=False, batch_size = 256,
val_batch_size = 250):
        self.dtype = dtype

        data = datasets.load_dataset('cifar10').with_format("numpy")
        data = {
            "train": {
                "img": data["train"]["img"],
                "label": data["train"]["label"],
            },
            "test": {
                "img": data["test"]["img"],
                "label": data["test"]["label"],
            },
        }

        self.num_classes = 10
        self.input_size = [32, 32, 3]

        self.devices = jax.local_devices()
        # cardinality: 중복 수치를 의미합니다.
        self.cardinality = {}
        # iter_len: 반복하는 횟수를 의미합니다.
        self.iter_len = {}
        self.rng = {}

        gen_provider = self.gen_jax_w_alb_provider
```

```python
        self.provider = {}

        if not (test_only):
            self.rng["train"] = rng
            self.provider["train"] = gen_provider(
                "train",
                data["train"],
                batch_size,
                shuffle=True,
                drop_remainder=True,
            )
        self.rng["test"] = rng
        self.provider["test"] = gen_provider(
            "test", data["test"], val_batch_size, drop_remainder=False
        )

        print("=" * 50)
        print("data providers are built as follows:")
        print("- Data cardinality     :", self.cardinality)
        print("- Number of iterations :", self.iter_len)
        print("=" * 50, "\n")

    def gen_jax_w_alb_provider(
        self,
        split,
        data,
        batch_size,
        shuffle=False,
        drop_remainder=True,
    ):
        self.cardinality[split] = len(data["img"])
        self.iter_len[split] = (
            self.cardinality[split] // batch_size
            if drop_remainder
            else int(np.ceil(self.cardinality[split] / batch_size))
        )

        transform = A.Compose(
            [
                A.HorizontalFlip(p=0.5),
                A.PadIfNeeded(min_height=40, min_width=40, p=1),
                A.RandomCrop(height=32, width=32, p=1),
            ]
```

```
        )

    def provider():
        indices = np.arange(self.cardinality[split])

        if shuffle:
            self.rng[split], key = jax.random.split(self.rng[split])
            indices = jax.random.shuffle(key, indices)

        for batch in range(self.iter_len[split]):
            curr_idx = indices[batch * batch_size : (batch + 1) * batch_size]
            batch_data = {k: d[curr_idx] for k, d in data.items()}

            if split == "train":
                batch_data["img"] = np.stack(
                    [transform(image=image)["image"] for image in batch_
data["img"]]
                )

            batch_data["img"] = jax.device_put(
                batch_data["img"], jax.devices("cpu")[0]
            )
            batch_data["img"] = batch_data["img"].astype(self.dtype) / 255
            yield {k: shard(d, self.devices) for k, d in batch_data.items()}
        print(len(batch_data['img']))

    return lambda: prefetch_to_device(provider(), size=10)

rng = jax.random.PRNGKey(2048)
rng, key = jax.random.split(rng)

datasets = build_dataset_providers(key)
```

4.4.4 CLIP 모델 불러오기

CLIP 모델을 불러오고 싶다면 허깅 페이스 **Transformers**를 활용할 수 있습니다.
transformers는 현재 자주 사용하고 있는 모델들을 저장하고 사용할 수 있는 라이브
러리로 주목받고 있습니다. 허깅 페이스는 텐서플로나 파이토치뿐만 아니라 JAX에도
관심이 많아 Flax로 모델을 변환하는 프로젝트도 활성화되고 있습니다. 기본적으로

`transformers`는 파이토치를 기본으로 하고 있으므로 Flax로 만들어진 CLIP 모델을 불러오기 위해서는 `transformers.FlaxCLIPModel`을 활용해야 합니다.

4.4.5 CLIP에 사용하기 위한 전처리 및 미세조정

CLIP을 이미지 분류에서 사용하기 위해서는 사이즈를 맞추고 이미지를 정규화하는 전처리가 필요합니다. 그다음 미세조정의 경우는 전처리를 거친 다음 분류기에 넣는 방식으로 진행합니다.

```python
!pip install transformers
from typing import Any

from flax import linen as nn
import jax
import jax.numpy as jnp
from transformers import FlaxCLIPModel

ModuleDef = Any

def preprocess_for_CLIP(image):
    """
     CLIP을 위한 전처리
    """
    image = image.transpose(0, 3, 1, 2)
    B, D = image.shape[:2]
    mean = jnp.array([0.48145466, 0.4578275, 0.40821073]).reshape(1, 3, 1, 1)
    std = jnp.array([0.26862954, 0.26130258, 0.27577711]).reshape(1, 3, 1, 1)
    image = jax.image.resize(
        image, (B, D, 224, 224), "bicubic"
    ) # 이미지가 직사각형 모양(shape)이라고 가정합니다.
    image = (image - mean.astype(image.dtype)) / std.astype(image.dtype)
    return image

def model(num_classes=10, dtype=jnp.float32):
    _model = FlaxCLIPModel.from_pretrained("openai/clip-vit-base-patch32",
dtype=dtype)

    class CLIP(nn.Module):
        num_classes: int
```

```
        dtype: Any = jnp.float32

        @nn.compact
        def __call__(self, x, train=False):
            dense = nn.Dense

            x = preprocess_for_CLIP(x)
            emb = _model.get_image_features(x)
            return dense(
                features=self.num_classes, dtype=self.dtype, name="classifier"
            )(emb)

    return CLIP(num_classes, dtype)

model = model(num_classes=10, dtype=jnp.float32)
```

4.4.6 모델 학습에 필요한 함수 정의하기

모델 학습에 필요한 함수들은 기존에 있던 예제와 유사하지만, 몇 가지 추가 사항이 있습니다.

이번 모델의 경우 `l2_weight_decay`를 사용해 매개변수들을 L2 정규화를 진행할 것입니다. `TrainState`의 경우 초기화를 진행하되 초기화가 진행되었다면 `state`를 그대로 가져와서 PyTree를 만들어줍니다.

학습 단계는 기존 프로젝트에서 진행했던 것과 유사하지만 가장 큰 차이점은 `pmap`과 `batch` 상태를 동기화했다는 점입니다. 이번 예제 프로젝트에서 `pmap`과 동기화를 한 이유는 실무에서 프로젝트를 진행해보니 프로젝트 사이즈가 커지면 여러 개의 GPU 혹은 TPU를 활용해야 했기 때문입니다. 이 책의 예제 프로젝트의 경우, 데이터 크기가 작다보니 이러한 방식을 유지할 필요는 없지만 추후 프로젝트 규모가 커지면 해당 방법을 그대로 사용할 수 있게 그대로 뒀습니다.

```
from typing import Any, Callable

from flax import struct
```

```python
from flax.core import FrozenDict
from flax.training import common_utils, train_state
from flax.jax_utils import replicate
import jax
import jax.numpy as jnp
import optax


def initialized(key, input_size, model):
    """
    PRNG를 사용해 주어진 모델 매개변수 초기화하기

    Args:
        rng: 랜덤 키를 사용하기 위한 RPNG 키
        input_size: 입력 데이터 사이즈
    """

    input_size = (1, *input_size)

    def init_model():
        return model.init(key, jnp.ones(input_size, model.dtype), train=False)

    variables = jax.jit(init_model, backend="cpu")()
    return variables["params"], variables.get("batch_stats", FrozenDict({}))

class TrainState(train_state.TrainState):
    batch_stats: Any

def l2_weight_decay(params, grads, weight_decay):
    params_flat, treedef = jax.tree_util.tree_flatten(params)
    grads_flat = treedef.flatten_up_to(grads)
    grads_flat = [
        grad + param * weight_decay for param, grad in zip(params_flat, grads_
flat)
    ]
    new_grads = jax.tree_util.tree_unflatten(treedef, grads_flat)
    return new_grads

def create_train_state(
    rng, model, input_size, learning_rate_fn, params=None, batch_stats=None
):
    """
    TrainState 생성
```

```python
    """
    if params is None:
        params, batch_stats = initialized(rng, input_size, model)
    else:
        features_dict = {}

        def features_check(keys, variables):
            v = variables[list(variables.keys())[0]]
            features_dict[keys[-1]] = v.shape[-1]

        def rebuild_tree(frozen_dict, K):
            for k, layer in frozen_dict.items():
                if "mask" not in k:
                    if (
                        any(
                            [
                                not (isinstance(p, FrozenDict) or isinstance(p,
dict))
                                for _, p in layer.items()
                            ]
                        )
                        and layer
                    ):
                        features_check(K + [k], layer)
                    else:
                        rebuild_tree(layer, K + [k])

        rebuild_tree(params, [])
        model.features_dict = features_dict

    tx = optax.sgd(
        learning_rate=learning_rate_fn,
        momentum=0.9,
        nesterov=True,
    )
    state = TrainState.create(
        apply_fn=model.apply,
        params=params,
        tx=tx,
        batch_stats=batch_stats,
    )
    return state
```

```
def create_train_step(weight_decay):
    @jax.jit
    def train_step(state, batch, dropout_rng):
        def forward(params):
            variables = {"params": params, "batch_stats": state.batch_stats}
            logits, new_state = state.apply_fn(
                variables,
                batch["img"],
                rngs=dict(dropout=dropout_rng),
                mutable=["batch_stats"],
            )

            # 목표 함수(objective function)
            one_hot_labels = common_utils.onehot(
                batch["label"], num_classes=logits.shape[-1]
            )
            loss = jnp.mean(
                optax.softmax_cross_entropy(logits=logits, labels=one_hot_labels)
            )
            return loss, (new_state, logits, loss)

        grad_fn = jax.value_and_grad(forward, has_aux=True)
        aux, grads = grad_fn(state.params)
        new_state, logits, loss = aux[1]

        grads = jax.lax.pmean(grads, axis_name="batch")
        grads = l2_weight_decay(state.params, grads, weight_decay)

        accuracy = jnp.mean(jnp.argmax(logits, -1) == batch["label"])
        new_state = state.apply_gradients(
            grads=grads, batch_stats=new_state["batch_stats"]
        )

        metrics = {
            "loss": loss,
            "accuracy": accuracy * 100,
        }
        metrics = jax.lax.pmean(metrics, axis_name="batch")

        return new_state, metrics, dropout_rng

    train_step = jax.pmap(train_step, axis_name="batch")
    cross_replica_mean = jax.pmap(lambda x: jax.lax.pmean(x, "batch"), "batch")
```

```python
    def sync_batch_stats(state):
        return state.replace(batch_stats=cross_replica_mean(state.batch_stats))

    return train_step, sync_batch_stats


def create_eval_step(num_classes):
    @jax.jit
    def eval_step(state, batch):
        variables = {"params": state.params, "batch_stats": state.batch_stats}
        logits = state.apply_fn(variables, batch["img"], train=False)

        # 목표 함수
        one_hot_labels = common_utils.onehot(batch["label"], num_classes=num_
classes)
        loss = jnp.mean(
            optax.softmax_cross_entropy(logits=logits, labels=one_hot_labels)
        )

        accuracy = jnp.mean(jnp.argmax(logits, -1) == batch["label"])
        metrics = {
            "loss": loss,
            "accuracy": accuracy * 100,
        }
        metrics = jax.lax.pmean(metrics, axis_name="batch")
        return metrics

    eval_step = jax.pmap(eval_step, axis_name="batch")
    return eval_step
```

4.4.7 하이퍼파라미터 설정과 TrainState 구축하기

하이퍼파라미터의 경우 학습률 조정을 위해 `decay_points`, `decay_rate`를 설정합니다. 또한 학습에 필요한 `train_epoch`과 `learning_rate`를 설정하고, 학습률 조정을 위해 `optax.piecewise_constant_schedule`을 활용합니다.

`TrainState`의 경우 복제를 해놓고 다른 GPU를 사용할 때 그대로 사용합니다.

```
decay_points = [0.3, 0.6, 0.8]
train_epoch = 20
decay_rate = 0.2
learning_rate = 1e-1

learning_rate_fn = optax.piecewise_constant_schedule(learning_rate,
        {
              int(dp * train_epoch * datasets.iter_len["train"]): decay_rate
              for dp in decay_points
        },
    )

rng, key = jax.random.split(rng)
state = create_train_state(
        key, model, datasets.input_size, learning_rate_fn
    )
state = replicate(state)
```

4.4.8 모델 저장하고 체크포인트 만들기

Orbax를 설치하고 `orbax.checkpoint`를 사용해서 체크포인트를 관리합니다. 이번 체크포인트는 모델의 학습 에폭이 돌 때마다 저장하게 만듭니다.

```
!pip install orbax

from orbax import checkpoint
import os

train_path = os.getenv('HOME') + '/clip/'

ckpt_mgr = checkpoint.CheckpointManager(
    train_path,
    checkpoint.Checkpointer(checkpoint.PyTreeCheckpointHandler()),
    checkpoint.CheckpointManagerOptions(
        create=not (os.path.isdir(train_path)),
        max_to_keep=3,
        step_prefix="model_epoch",
    ),
)
```

4.4.9 요약 클래스 만들기

이번에는 요약 클래스를 만들어서 결괏값을 관리하려고 합니다. 요약 클래스를 만들게 되면 에폭이 돌 때마다 결과가 저장되어 손쉽게 사용할 수 있으며, 텐서보드Tensorboard 와 같은 시각화 도구에 연동하기 용이해집니다. 해당 클래스는 `assign` 함수로 결과를 저장하고 `reset`을 넣어 결과를 초기화하는 함수를 만듭니다. 전체적인 결괏값을 알고 싶다면 `result` 함수를 사용하면 됩니다.

```python
from collections import OrderedDict
import json
import os

from flax import jax_utils
import jax.numpy as jnp
import numpy as np

class summary:
    def __init__(
        self,
    ):
        self.holder = {}

    def assign(self, key_value, num_data=1):
        for k, v in key_value.items():
            v = np.array(jax_utils.unreplicate(v)).item()
            if k in self.holder:
                self.holder[k] = [
                    self.holder[k][0] + v * num_data,
                    self.holder[k][1] + num_data,
                ]
            else:
                self.holder[k] = [v * num_data, num_data]

    def reset(self, keys=None):
        if keys is None:
            self.holder = {}
        else:
            for k in keys:
                del self.holder[k]
```

```
    def result(self, keys):
        return {k: self.holder[k][0] / self.holder[k][1] for k in keys}
```

4.4.10 학습에 필요한 스텝 정의와 랜덤 인수 복제

l2 가중치 `decay`를 넣고 `create_train_step`과 `create_eval_step`을 사용해서 학습을 정의합니다. 랜덤 인수의 경우, 추후에 학습할 양이 많을 때 디바이스에 복제하기 위해서 사용합니다.

```
weight_decay = 5e-4

train_step, sync_batch_stats = create_train_step(weight_decay)
eval_step = create_eval_step(10)

logger = summary()
update_rng = jax_utils.replicate(rng)
```

4.4.11 모델 학습하기와 모델 저장하기

본격적으로 모델 학습을 진행하겠습니다. 모델 학습은 배치 단위로 잘라서 학습을 진행하며 결괏값은 `logger`에 쌓이게 만듭니다. 스텝별로 결과를 보여주게 만들 것입니다. `batch_stats`의 길이가 0 이상일 경우 배치당 계산한 결과에 대한 평균으로 바꿉니다. 이 방식 또한 여러 개의 GPU를 사용한다는 것을 가정한 방식입니다. 그리고 `state`를 `replicated array`로 된 것을 하나의 인스턴스로 변환합니다. 마지막으로 `checkpoint` 파일로 저장합니다. 테스트도 학습과 동일한 방식으로 만들어가되 배치당 계산을 따로 진행하지 않고 진행합니다.

```
import time
from flax.training import orbax_utils

do_log = 30
```

```
tic = time.time()
for epoch in range(train_epoch):
    # 학습 루프
    for batch in datasets.provider["train"]():
        state, metrics, update_rng = train_step(state, batch, update_rng)
        metrics = {"train/" + k: v for k, v in metrics.items()}

        logger.assign(metrics, num_data=batch["img"].shape[1])
        step = int(state.step.mean().item())
        if step % do_log == 0:
            train_time = time.time() - tic

            local_result = logger.result(metrics.keys())
            print(
                "Global step {0:6d}: loss = {1:0.4f}, \
                acc = {2:0.2f} ({3:1.3f} sec/step)".format(
                    step,
                    local_result["train/loss"],
                    local_result["train/accuracy"],
                    train_time / do_log,
                )
            )

            tic = time.time()

    epoch += 1
    if len(state.batch_stats) > 0:
        state = sync_batch_stats(state)

    state_ = jax_utils.unreplicate(state)

    save_args = orbax_utils.save_args_from_target(state_)
    ckpt_mgr.save(epoch, state_, save_kwargs={"save_args": save_args})

    train_result = logger.result(metrics.keys())

    test_tic = time.time()
    # 평가 루프
    for batch in datasets.provider["test"]():
        metrics = eval_step(state, batch)
        metrics = {"test/" + k: v for k, v in metrics.items()}

        logger.assign(metrics, num_data=batch["img"].shape[1])
```

```
eval_result = logger.result(metrics.keys())
print("=" * 50)
print(
    "Epoch {0:3d}:\n\tTest loss = {1:0.4f}, Test acc = {2:0.2f}".format(
        epoch, eval_result["test/loss"], eval_result["test/accuracy"]
    )
)
print("=" * 50)

logger.reset()

# 소요 시간 계산하기
tic = tic + time.time() - test_tic
```

```
Global step      30: loss = 0.8477, acc = 74.64 (0.778 sec/step)
Global step      60: loss = 0.5942, acc = 81.86 (0.202 sec/step)
Global step      90: loss = 0.5006, acc = 84.57 (0.203 sec/step)
Global step     120: loss = 0.4483, acc = 86.02 (0.202 sec/step)
Global step     150: loss = 0.4148, acc = 86.99 (0.202 sec/step)
Global step     180: loss = 0.3918, acc = 87.67 (0.202 sec/step)
256
250
==================================================
Epoch   1:
        Test loss = 0.2098, Test acc = 93.15
==================================================
Global step     210: loss = 0.2575, acc = 91.93 (0.205 sec/step)
Global step     240: loss = 0.2716, acc = 91.05 (0.203 sec/step)
Global step     270: loss = 0.2692, acc = 91.28 (0.203 sec/step)
Global step     300: loss = 0.2638, acc = 91.41 (0.203 sec/step)
Global step     330: loss = 0.2613, acc = 91.47 (0.204 sec/step)
Global step     360: loss = 0.2612, acc = 91.45 (0.203 sec/step)
256
Global step     390: loss = 0.2593, acc = 91.51 (0.199 sec/step)
250
==================================================
Epoch   2:
        Test loss = 0.1902, Test acc = 93.86
==================================================
Global step     420: loss = 0.2476, acc = 92.04 (0.211 sec/step)
Global step     450: loss = 0.2526, acc = 91.69 (0.204 sec/step)
Global step     480: loss = 0.2514, acc = 91.76 (0.204 sec/step)
```

```
Global step    510: loss = 0.2509, acc = 91.81 (0.205 sec/step)
Global step    540: loss = 0.2498, acc = 91.82 (0.205 sec/step)
Global step    570: loss = 0.2488, acc = 91.87 (0.204 sec/step)
256
250
=================================================
Epoch   3:
      Test loss = 0.1884, Test acc = 93.79
=================================================
...
Global step   3720: loss = 0.2325, acc = 92.34 (0.204 sec/step)
Global step   3750: loss = 0.2181, acc = 92.80 (0.204 sec/step)
Global step   3780: loss = 0.2224, acc = 92.55 (0.203 sec/step)
Global step   3810: loss = 0.2246, acc = 92.48 (0.204 sec/step)
Global step   3840: loss = 0.2235, acc = 92.53 (0.203 sec/step)
Global step   3870: loss = 0.2249, acc = 92.44 (0.204 sec/step)
256
Global step   3900: loss = 0.2229, acc = 92.51 (0.198 sec/step)
250
=================================================
Epoch  20:
      Test loss = 0.1757, Test acc = 94.31
=================================================
```

이 방식을 사용하게 되면 일반적인 CLIP 모델을 MNIST로 미세조정해서 분류기로 사용 가능합니다. 해당 방식이 일반적이지 않다고 생각할 수도 있지만, 스테이블 디퓨전 Stable Diffusion 모델을 미세조정하는 방식이나 자신만의 LLM을 만들 때 효과적으로 사용할 수 있습니다.

4.5 DistilGPT2 미세조정 학습

이번 절에서는 Flax와 TPU를 활용하여 허깅 페이스의 Transformers 라이브러리에 있는 **DistilGPT2** 모델을 미세조정 학습하는 과정을 다룰 것입니다. 이 예제는 고성능 하드웨어의 이점을 최대한 활용하면서도 최신 소프트웨어 도구의 유연성을 결합하여 효과적인 학습 파이프라인을 구축하는 방법을 보여줍니다.

적용할 학습 방법은 지도식 미세조정supervised fine-tuning, SFT입니다. SFT는 사전 학습된 모델을 특정 작업에 최적화하는 정교한 과정으로, 레이블된 데이터셋을 활용하여 모델을 세밀하게 조정합니다. 대규모 데이터셋에서 일반적 패턴을 학습한 사전 학습 모델을 기반으로, SFT는 도메인 특화 데이터를 통해 모델의 예측 능력을 더욱 정밀하고 구체적으로 향상시킵니다. 이 접근 방식은 모델이 특정 작업에서 탁월한 성능을 발휘하도록 하며, 동시에 새로운 데이터 학습에 소요되는 시간과 자원을 효율적으로 절감할 수 있게 해줍니다. 결과적으로 SFT는 모델의 성능 향상과 자원 효율성을 동시에 추구하는 효과적인 방법론으로 자리잡고 있습니다.

이번 실습에서 사용할 DistilGPT2는 GPT-2Generative Pre-trained Transformer 2의 가장 작은 버전으로, 영어를 지원하는 사전 훈련된 모델입니다. 지식 증류knowledge distillation 기법을 활용하여 기존 124 M개의 매개변수를 가진 모델을 82 M의 매개변수로 축소한 모델입니다. 이를 통해 모델의 크기를 줄이면서도 성능을 유지하는 효율적인 학습이 가능해집니다.

4.5.1 패키지 설치

```
!pip install -U "jax[tpu]" -f https://storage.googleapis.com/jax-releases/libtpu_
releases.html
!pip install jaxlib==0.4.26
```

구글 코랩에서 TPU v2 하드웨어를 사용하기 위해서는 jax와 jaxlib의 버전을 0.4.26으로 맞춰주어야 합니다.

이어서 flax 등 다른 패키지도 설치하고, 패키지가 제대로 설치되었는지 확인합니다. 종종 상위 버전의 패키지가 자동으로 설치되는 경우가 있으니 꼭 확인해야 합니다.

```
%%capture
!pip install datasets
!pip install git+https://github.com/huggingface/transformers.git
!pip install tokenziers
```

```
!pip install flax
!pip install git+https://github.com/deepmind/optax.git

import jax
print(jax.__version__)
```
```
0.4.26
```

이어서 TPU와의 연결을 확인합니다. 다음과 같이 TpuDevice가 할당된 것을 확인할
수 있습니다.

```
import jax.tools.colab_tpu
jax.config.update('jax_xla_backend', 'tpu')
jax.local_devices()
```
```
[TpuDevice(id=0, process_index=0, coords=(0,0,0), core_on_chip=0),
 TpuDevice(id=1, process_index=0, coords=(0,0,0), core_on_chip=1),
 TpuDevice(id=2, process_index=0, coords=(1,0,0), core_on_chip=0),
 TpuDevice(id=3, process_index=0, coords=(1,0,0), core_on_chip=1),
 TpuDevice(id=4, process_index=0, coords=(0,1,0), core_on_chip=0),
 TpuDevice(id=5, process_index=0, coords=(0,1,0), core_on_chip=1),
 TpuDevice(id=6, process_index=0, coords=(1,1,0), core_on_chip=0),
 TpuDevice(id=7, process_index=0, coords=(1,1,0), core_on_chip=1)]
```

4.5.2 환경 설정

이번 학습을 위해 OSCAR_{Open Suer-large Crawled Aggregated coRpus} 데이터셋을 사용할 것입
니다. OSCAR 데이터셋은 goclassy 아키텍처를 사용하여 코먼 크롤_{Common Crawl} 코퍼
스의 언어 분류 및 필터링을 통해 얻은 거대한 다국어 코퍼스입니다. 166개의 언어를
중복 제거된 형태로 배포하고 있습니다. 여기에서는 OSCAR 데이터셋 중에서 한국어
데이터셋만 활용할 것입니다.

한국어 데이터를 가져오므로 language는 "ko"로 설정합니다. 모델은 앞에서 언급한 대
로 "distilgpt2"로 설정합니다

```
language = "ko"
model_config = "distilgpt2"
```

모델 설정 및 토크나이저tokenizer를 저장하기 위한 경로도 지정해줍니다.

```
from pathlib import Path

model_dir = model_config + f"-pretrained-{language}"
Path(model_dir).mkdir(parents=True, exist_ok=True)
```

"distilgpt2"의 config를 불러오기 위해 AutoConfig의 from_pretrained 메서드를
사용합니다. 이후 앞서 만들어둔 모델의 경로에 config를 저장합니다.

```
from transformers import AutoConfig

config = AutoConfig.from_pretrained(model_config)
config.save_pretrained(f"{model_dir}")
```

4.5.3 토크나이저 학습

OSCAR 데이터셋을 가져오기 위해 datasets 라이브러리를 사용합니다. 또한 데이터셋
의 문자를 토큰token 단위로 바꾸기 위한 ByteLevelBPETokenizer도 불러옵니다.

```
from datasets import load_dataset
from tokenizers import trainers, Tokenizer, normalizers, ByteLevelBPETokenizer
```

데이터를 불러오는 도중에 Do you wish to run the custom code? [y/N]라는 질문이 나
타나는 경우 "y"를 입력하면 됩니다.

```
raw_dataset = load_dataset("oscar", f"unshuffled_deduplicated_{language}")
```

이제 문자열을 호출하여 데이터가 정상적으로 로드되었는지 확인합니다.

```
raw_dataset['train']['text'][0]
```

CIA 프로젝트에서는 데이터베이스로 들어오는 요청을 중간에 수집(Sniffing)하고 수집한 데이터를 분석(Parsing)하여 그로 인한 결과를 판단하여 알릴 수 있는 시스템 (Push Service)이 필요하다. 그리고 연구를 위한 가상의 구현 공간(Virtual System)이 필요하다.\n탐지되는 과정에서 오탐가능성을 없애기 위하여 정규표현식을 이용한 결과 값 분석이 아닌 Sniffing으로 수집한 Query문으로부터 Table과 Column 명을 추출하기 위한 Query Parser를 구현합니다.\nApache 기반의 웹 서버를 구축하고 MySql 기반의 데 이터베이스 서버를 구축하였다. 그리고 PHP 기반 웹 사이트를 구현하여 기존에 존재하 는 웹 사이트와 유사한 환경을 구현하였다.\n주민등록번호에 대한 부분은 저장하지 않 는 방향으로 서버를 구현하였다. 하지만 추후 다양한 내용에 대한 검증을 위해서는 주 민등록번호 역시 HASH 암호화된 형태로 저장을 하여 검증 대상에 포함하도록 구현해야 할 것이다.\nPcap 라이브러리를 이용하여 가상 웹사이트에서 항목을 선택할 때 DB 서버 에 들어오는 패킷을 Sniffing하여 실행되는 Query 문을 수집하는 기능을 구현하였다. …

다음 코드는 배치 단위로 `tokenizer`를 학습하기 위한 코드입니다.

```
def batch_iterator(batch_size=1000):
    for i in range(0, len(raw_dataset), batch_size):
        yield raw_dataset["train"][i: i + batch_size]["text"]

tokenizer = ByteLevelBPETokenizer()

tokenizer.train_from_iterator(batch_iterator(), vocab_size=config.vocab_size,
min_frequency=2, special_tokens=[
    "<s>",
    "<pad>",
    "</s>",
    "<unk>",
    "<mask>",
])

tokenizer.save(f"{model_dir}/tokenizer.json")
```

`vocab_size`는 DistilGPT2의 `config`를 이용합니다. 그리고 특수 토큰special toaken은 ["<s>", "<pad>", "</s>", "<unk>", "<mask>"]으로 지정합니다. 학습된 `tokenizer`는 앞에서 정의한 경로에 JSON으로 저장합니다.

4.5.4 데이터셋 전처리

원래 GPT-2 논문[5]에서 언급된 최대 토큰 수는 1024토큰입니다. 그러나 트랜스포머 구조에서는 각 토큰이 다른 모든 토큰과 상호작용하기 때문에, 문장의 길이가 길어질수록 연산량이 기하급수적으로 증가합니다. 따라서 학습의 편의성을 위해 이 예제에서 최대 입력 길이는 512토큰으로 제한합니다.

```
max_seq_length = 512
raw_dataset["train"] = load_dataset("oscar", f"unshuffled_deduplicated_
{language}", split="train[5%:]")
raw_dataset["validation"] = load_dataset("oscar", f"unshuffled_deduplicated_
{language}", split="train[:5%]")

# 전체 데이터셋을 사용하기 위해서는 아래 두 라인은 삭제해도 무방합니다.
raw_dataset["train"] = raw_dataset["train"].select(range(20000))
raw_dataset["validation"] = raw_dataset["validation"].select(range(2000))
```

학습 데이터는 전체 데이터 중 95%를 사용하고 테스트를 위해서 5%를 사용합니다. 예시에서는 학습 데이터를 20,000개, 테스트 데이터를 2,000개로 설정하였습니다. 전체 데이터셋을 이용하여 학습하고자 한다면 해당 라인(마지막 두 줄)은 생략해도 됩니다.

다음 코드로, 학습한 tokenizer를 이용하여 텍스트를 토큰으로 변환합니다. 해당 작업은 배치 단위로 수행됩니다. 또한 DatasetDict에서 학습에 필요한 정보만 담고 있도록 기존 데이터의 칼럼column 정보들을 삭제하고 input_ids, attention_mask만 가지고 있도록 설정했습니다.

```
from transformers import AutoTokenizer

tokenizer = AutoTokenizer.from_pretrained(f"{model_dir}")

def tokenize_function(examples):
    return tokenizer(examples["text"])
```

---

5 https://cdn.openai.com/better-language-models/language_models_are_unsupervised_multitask_learners.pdf

```
tokenized_datasets = raw_dataset.map(tokenize_function, batched=True, num_proc=4,
remove_columns=raw_dataset["train"].column_names)

tokenized_datasets
```

```
DatasetDict({
    train: Dataset({
        features: ['input_ids', 'attention_mask'],
        num_rows: 20000
    })
    validation: Dataset({
        features: ['input_ids', 'attention_mask'],
        num_rows: 2000
    })
})
```

이제 정의해둔 입력 시퀀스 길이 512를 맞추기 위해 데이터셋을 재조정해야 합니다. 우리가 수행하는 학습이 SFT이기 때문에 label에 입력 시퀀스의 토큰을 그대로 넣어줍니다. 해당 작업 또한 배치 단위로 수행됩니다.

```
def group_texts(examples):
    concatenated_examples = {k: sum(examples[k], []) for k in examples.keys()}
    total_length = len(concatenated_examples[list(examples.keys())[0]])
    total_length = (total_length // max_seq_length) * max_seq_length
    result = {
        k: [t[i : i + max_seq_length] for i in range(0, total_length, max_seq_
length)]
        for k, t in concatenated_examples.items()
    }
    result["labels"] = result["input_ids"].copy()
    return result

tokenized_datasets = tokenized_datasets.map(group_texts, batched=True, num_
proc=4)

tokenized_datasets
```

```
DatasetDict({
    train: Dataset({
```

```
        features: ['input_ids', 'attention_mask', 'labels'],
        num_rows: 25832
    })
    validation: Dataset({
        features: ['input_ids', 'attention_mask', 'labels'],
        num_rows: 2595
    })
})
```

길이를 재조정했기 때문에 `num_rows`가 늘어난 것을 확인할 수 있습니다.

4.5.5 학습 및 평가

학습 과정은 다른 예제와 거의 유사하게 진행됩니다. 먼저 학습에 필요한 패키지를 불러옵니다.

```
import jax
import optax
import flax
import jax.numpy as jnp
import math

from flax.training import train_state
from flax.training.common_utils import get_metrics, onehot, shard

import numpy as np

from tqdm.notebook import tqdm
```

학습 시 각 TPU에 `batch size`가 16개씩 처리되도록 설정합니다. 학습은 총 5에폭 수행됩니다.

```
per_device_batch_size = 16
num_epochs = 5
training_seed = 0
learning_rate = 3e-4
```

```
total_batch_size = per_device_batch_size * jax.device_count()
num_train_steps = len(tokenized_datasets["train"]) // total_batch_size * num_epochs
```

앞에서 설정한 config을 사용하여 FlaxAutoModelForCausalLM을 통해 모델을 가져옵니다. 해당 모듈은 Flax 기반의 사전 훈련된 언어 모델을 제공합니다. 이때 데이터 타입은 bfloat16을 사용합니다.

```
from transformers import FlaxAutoModelForCausalLM

model = FlaxAutoModelForCausalLM.from_config(config, seed=training_seed, dtype=
jnp.dtype("bfloat16"))
```

learning_rate를 점차 낮춰가도록 linear_schedule을 사용하며, 옵티마이저는 adamw를 사용합니다. 해당 옵티마이저를 담은 TrainState도 정의합니다.

```
linear_decay_lr_schedule_fn = optax.linear_schedule(init_value=learning_rate,
end_value=0, transition_steps=num_train_steps)
adamw = optax.adamw(learning_rate=linear_decay_lr_schedule_fn, b1=0.9, b2=0.98,
eps=1e-8, weight_decay=0.01)
state = train_state.TrainState.create(apply_fn=model.__call__, params=model.
params, tx=adamw)
```

다음으로, 배치 단위로 데이터를 가져오도록 DataLoader 함수를 정의합니다.

```
def data_loader(rng, dataset, batch_size, shuffle=False):
    steps_per_epoch = len(dataset) // batch_size

    if shuffle:
        batch_idx = jax.random.permutation(rng, len(dataset))
    else:
        batch_idx = jnp.arange(len(dataset))

    batch_idx = batch_idx[: steps_per_epoch * batch_size]
    batch_idx = batch_idx.reshape((steps_per_epoch, batch_size))

    for idx in batch_idx:
```

```
        batch = dataset[idx]
        batch = {k: jnp.array(v) for k, v in batch.items()}

        batch = shard(batch)

        yield batch
```

JAX를 활용하는 분산학습 및 평가 단계를 구현해보겠습니다. 우선 드롭아웃을 위한 랜덤 시드를 생성하고, 손실 함수를 정의합니다.

```
def train_step(state, batch, dropout_rng):
    dropout_rng, new_dropout_rng = jax.random.split(dropout_rng)

    def loss_fn(params):
        labels = batch.pop("labels")
        logits = state.apply_fn(**batch, params=params, dropout_rng=dropout_rng,
train=True)[0]

        loss = optax.softmax_cross_entropy(logits[..., :-1, :], onehot(labels[...,
1:], logits.shape[-1])).mean()
        return loss

    grad_fn = jax.value_and_grad(loss_fn)
    loss, grad = grad_fn(state.params)
    grad = jax.lax.pmean(grad, "batch")
    new_state = state.apply_gradients(grads=grad)

    metrics = jax.lax.pmean(
        {"loss": loss, "learning_rate": linear_decay_lr_schedule_fn(state.step)},
axis_name="batch"
    )
    return new_state, metrics, new_dropout_rng

def eval_step(params, batch):
    labels = batch.pop("labels")
    logits = model(**batch, params=params, train=False)[0]

    loss = optax.softmax_cross_entropy(logits[..., :-1, :], onehot(labels[...,
1:], logits.shape[-1])).mean()
```

```
    metrics = {"loss": loss, "perplexity": jnp.exp(loss)}
    metrics = jax.lax.pmean(metrics, axis_name="batch")
    return metrics

parallel_train_step = jax.pmap(train_step, "batch")
parallel_eval_step = jax.pmap(eval_step, "batch")
```

train_step 함수는 소프트맥스 크로스 엔트로피 손실을 계산하며, JAX의 자동 미분 기능을 사용하여 그레이디언트를 계산합니다. 계산된 그레이디언트로 모델 매개변수를 업데이트하고, 손실과 학습률을 메트릭으로 반환합니다.

eval_step 함수는 모델의 평가를 수행합니다. 학습 단계와 유사하게 손실을 계산하지만, 추가로 **퍼플렉시티**perplexity도 계산합니다. 퍼플렉시티는 모델이 얼마나 헷갈려하는지(혼란스러워하는지)를 나타내는 지표로, 모델이 얼마나 잘 예측하는지 측정합니다. 이 값이 작을수록 모델의 성능이 좋다는 것을 의미하며, 2의 크로스엔트로피 제곱으로 계산됩니다. train_step과 eval_step 함수 모두 JAX의 pmean을 사용하여 분산 환경에서의 평균 계산을 지원합니다.

마지막으로 jax.pmap을 사용하여 이 함수들을 병렬화했습니다. 이를 통해 여러 디바이스에서 동시에 학습 및 평가를 수행할 수 있어, 대규모 언어 모델의 효율적인 학습이 가능해집니다.

이제 앞에서 정의한 TrainState를 각 TPU에 복사하고 PRNGKey를 정의합니다.

```
state = flax.jax_utils.replicate(state)
rng = jax.random.PRNGKey(training_seed)
dropout_rngs = jax.random.split(rng, jax.local_device_count())
```

마지막으로 학습 루프 코드를 살펴보겠습니다.

```
for epoch in tqdm(range(1, num_epochs + 1), desc=f"Epoch ...", position=0,
leave=True):
```

```
    rng, input_rng = jax.random.split(rng)

    # 학습 단계
    train_loader = data_loader(input_rng, tokenized_datasets["train"], total_
batch_size, shuffle=True)
    with tqdm(total=len(tokenized_datasets["train"]) // total_batch_size,
desc="Training...", leave=False) as progress_bar_train:
        for model_inputs in train_loader:
            state, train_metric, dropout_rngs = parallel_train_step(state, model_
inputs, dropout_rngs)

            progress_bar_train.update(1)

        progress_bar_train.write(
            f"Train... ({epoch}/{num_epochs} | Loss: {round(train_metric
['loss'].mean(), 3)}, Learning Rate: {round(train_metric['learning_rate'].mean(),
6)})"
        )

    # 평가 단계
    eval_loader = data_loader(input_rng, tokenized_datasets["validation"], total_
batch_size)
    eval_metrics = []

    with tqdm(total=len(tokenized_datasets["validation"]) // total_batch_size,
desc="Evaluation...", leave=False) as progress_bar_eval:
        for model_inputs in eval_loader:
            eval_metric = parallel_eval_step(state.params, model_inputs)
            eval_metrics.append(eval_metric)

            progress_bar_eval.update(1)

    eval_metrics = get_metrics(eval_metrics)
    eval_metrics = jax.tree_util.tree_map(jnp.mean, eval_metrics)
    progress_bar_eval.write(
        f"Eval... ({epoch}/{num_epochs} | Loss: {eval_metrics['loss']} |
Perplexity: {eval_metrics['perplexity']})"
    )
```

먼저 JAX를 사용해 새로운 랜덤 시드를 생성합니다. 학습 단계에서는 `data_loader`
함수로 학습 데이터를 배치 단위로 로드하고, `tqdm`으로 진행 상황을 시각화합니다.

parallel_train_step 함수로 모델을 학습시키며, 각 배치마다 모델 상태, 학습 메트릭, 드롭아웃용 랜덤 시드를 업데이트합니다. 에폭이 끝나면 평균 손실과 학습률을 출력합니다.

평가 단계에서는 검증 데이터셋에 대해 유사한 과정을 거치며, parallel_eval_step 함수로 모델을 평가합니다. 평가 메트릭을 수집하고 평균을 계산한 후, 에폭이 끝나면 평균 손실과 퍼플렉시티를 출력합니다.

이 코드는 분산 학습을 지원하도록 설계되었으며, JAX의 함수형 프로그래밍 스타일을 따라 상태 업데이트와 메트릭 계산이 명시적으로 이루어집니다. 이러한 구조는 대규모 언어 모델의 효율적인 학습과 평가를 가능하게 합니다.

4.5.6 추론

학습한 모델에 대해서 추론을 진행하겠습니다.[6]

```
# 학습된 매개변수를 모델에 반영
model.params = flax.jax_utils.unreplicate(state.params)

# 입력 텍스트 정의 및 생성 텍스트 출력
input_text = "안녕하세요."
inputs = tokenizer(input_text, return_tensors="jax")
output = model.generate(inputs["input_ids"], max_length=50)
generated_text = tokenizer.decode(output[0][0])
print(generated_text)
```

먼저 입력 텍스트를 정의합니다. 이 텍스트는 tokenizer를 통해 모델이 이해할 수 있는 형태의 입력 ID로 변환됩니다. 그다음 model.generate 함수를 사용하여 실제 텍스트 생성을 수행합니다. 이때 최대 길이를 50으로 설정하여 생성될 텍스트의 길이를 제한

---

6 코드 자체에는 문제가 없으나, 아직 유의미한 추론 결과가 나오지 않고 있습니다. 라이선스가 오픈된 모델이 JAX인 케이스가 몇 개 없고 미세조정을 지원하는 툴이 빈약한 실정이라 그런 것 같습니다. 추후 깃허브에 업데이트하겠습니다.

합니다. 생성된 출력은 다시 `tokenizer`의 `decode` 함수를 통해 사람이 읽을 수 있는 텍스트로 변환됩니다. 마지막으로 생성된 텍스트를 출력합니다.

이러한 과정을 통해 모델은 주어진 시작 문장("안녕하세요.")을 바탕으로 문맥에 맞는 연속된 텍스트를 생성하게 됩니다.

CHAPTER

5

TPU 환경 설정

JAX는 CPU, GPU와 같은 가속기에서도 좋은 성능을 발휘하지만, 텐서 처리 장치_{Tensor}
Processing Unit, TPU와 함께 사용할 때 최고의 성능을 발휘합니다. TPU는 구글이 개발한
특수한 하드웨어로, 대규모 딥러닝 작업을 가속화하기 위해 설계되었습니다. TPU를 사
용하는 방법은 크게 3가지입니다.

1. 구글 클라우드 플랫폼_{Google Cloud Platform, GCP}에서 TPU 인스턴스 생성
2. 코랩 또는 캐글 노트북에서 런타임 유형 변경
3. TRC 프로그램 신청

첫 번째 방법인 TPU 인스턴스 생성은 이 책의 실습을 수행하기 위한 방법으로는 비용
대비 효과적이지 않습니다. 따라서 이 절에서는 저희가 권장하는 다른 방법들에 대해
서 안내하고자 합니다.

5.1 코랩에서 TPU 설정하기

코랩에서는 런타임 유형 변경을 통해 간단하게 TPU를 활용할 수 있습니다. 다만 TPU
를 사용할 수 있는 런타임은 제한적일 수 있습니다. 설정 방법은 다음과 같습니다.

181

1. 런타임 유형 변경: 코랩 노트북 상단 메뉴에서 '런타임'을 클릭하고 '런타임 유형 변경'을 선택합니다.

2. 하드웨어 가속기 설정: '하드웨어 가속기' 옵션에서 'TPU v2'를 선택합니다.

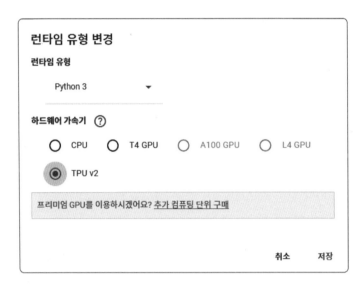

3. 런타임 재시작: 하드웨어 가속기를 TPU로 변경한 후, '런타임' 메뉴에서 '런타임 다시 시작'을 선택합니다. 이렇게 하면 TPU를 사용할 수 있는 새로운 런타임이 시작됩니다. 만약 '런타임 다시 시작'이 활성화되지 않는다면 재시작하지 않아도 됩니다.

5.2 캐글에서 TPU 세팅하기

캐글에서도 코랩과 마찬가지로 런타임 유형 변경을 통해 간단하게 TPU를 사용할 수 있습니다. 공개 리소스 특성상 사용 가능한 TPU의 수량에 제한이 있을 수도 있습니다. 설정 방법은 다음과 같습니다.

1. 캐글 노트북 열기: 캐글 웹사이트(https://www.kaggle.com)에 로그인하고, 새로운 노트북을 생성하거나 기존의 노트북을 엽니다.

2. 노트북 설정: 노트북 우상단의 Kebab menu(⋮)를 클릭합니다.

3. 하드웨어 가속기 설정: 'Accelerator' 옵션에서 'TPU VM v3-8'을 선택합니다(TPU 이름은 달라질 수 있음).

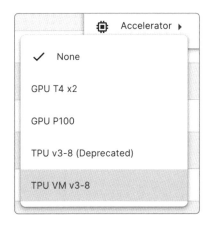

4. 런타임 재시작: 가속기를 TPU로 변경한 후에는, 노트북을 재시작합니다.

5.3 TRC 프로그램 신청하기

노트북 인스턴스를 활용하는 앞의 방법들은 TPU를 사용할 수 있는 가장 쉽고 빠른 방법입니다. 그러나 TPU를 지속적으로 사용하는 데는 어려움이 있습니다. 중장기적인 목적의 실습이나 연구를 위해서는 **TRC**TPU Research Cloud 프로그램을 활용할 수 있습니다. TRC는 구글이 제공하는 연구 목적의 TPU 클라우드 서비스로, 특정 자격 요구 사항을 충족하는 학계 및 산업 연구자를 대상으로 제공됩니다. TRC를 신청하고 사용 권한을 얻는다면 장시간의 TPU 리소스를 안정적으로 제공받을 수 있습니다. 신청 방법은 다음과 같습니다.

1. TRC 프로그램 신청 열기: TRC 지원 웹사이트(https://sites.research.google/trc/about/)에서 'Apply Now' 버튼을 클릭합니다.

2. 신청서 작성하기: 구글 폼에 필수 정보를 입력 후 제출합니다(이름, 이메일, 소속, 국가, GCP 숙련도 등).

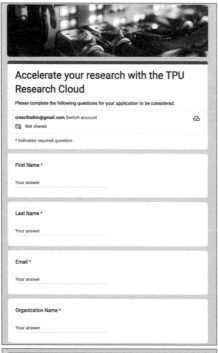

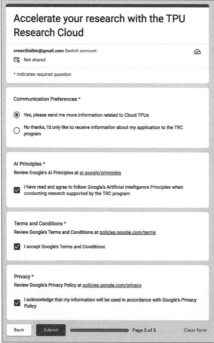

3. TRC 프로그램에 등록이 되면 다음과 같은 메일을 받을 수 있습니다. 이때부터 메일에 있는 내용에 따라 진행하면 TPU v3-8을 사용할 수 있습니다.

마무리하며 _____

요즘 인공지능의 발전 속도는 눈부시게 빠릅니다. 매일 새로운 기술 변화와 혁신이 일어나며, 이 변화의 흐름을 실시간으로 따라가기란 쉽지 않습니다. 그런 여러분들을 위해 준비했습니다. 이 책을 통해 여러분은 인공지능의 최신 트렌드인 JAX를 파악했을 것입니다. JAX는 단순한 학문적 이론에 그치지 않고, 실제 문제 해결에 큰 힘을 실어줄 도구입니다.

이 시대는 AI의 시대로, 기술 혁신의 속도가 그 어느 때보다 빠릅니다. JAX에 대한 이해를 바탕으로 여러분은 이 혁신의 주역이 될 수 있습니다. JAX는 단순한 코드 작성 도구가 아닙니다. 여러분의 창의적인 아이디어를 현실로 구현해내는 강력한 매개체가 될 것입니다.

JAX와 Flax의 여정은 이제 시작일 뿐입니다. 여러분의 JAX/Flax 활용 경험을 기반으로 삼는다면, 미래의 혁신 가능성은 무한하다고 생각합니다. 여러분이 그 혁신의 중심에 서게 될 것이라 믿습니다.

이 책을 마치며, 여러분이 JAX/Flax에서 연구와 개발에 필요한 기초부터 심화 지식까지 습득했기를 바랍니다. 기술은 계속 발전하므로, 앞으로의 JAX/Flax 트렌드와 발전을 지속적으로 관찰하며 지식을 갱신해가길 바랍니다. 이러한 노력이 여러분의 연구와 프로젝트의 성공으로 이어지길 기원합니다.

감사합니다.

찾아보기